# 传统文化精神对高校教育理念的
影响分析

施少芳 许书烟 王少卿 著

吉林出版集团股份有限公司

图书在版编目(CIP)数据

传统文化精神对高校教育理念的影响分析 / 施少芳，许书烟，王少卿著. — 长春：吉林出版集团股份有限公司，2019.9

ISBN 978-7-5581-7801-6

Ⅰ.①传… Ⅱ.①施… ②许… ③王… Ⅲ.①中华文化-影响-高等教育-研究-中国 Ⅳ.①G649.2

中国版本图书馆 CIP 数据核字(2019)第 219993 号

## 传统文化精神对高校教育理念的影响分析
CHUANTONG WENHUA JINGSHEN DUI GAOXIAO JIAOYU LINIAN DE YINGXIANG FENXI

| 出 版 人：吴文阁 |
| 著　　者：施少芳　许书烟　王少卿 |
| 责任编辑：赫金玲 |
| 装帧设计：中图时代 |
| 开　　本：710 mm×1000 mm　1/16 |
| 印　　张：10 |
| 字　　数：180 千字 |
| 版　　次：2019 年 9 月第 1 版 |
| 印　　次：2021 年 3 月第 1 次印刷 |

出　　版：吉林出版集团股份有限公司
发　　行：吉林音像出版社有限责任公司
地　　址：吉林省长春市净月区福祉大路 5788 号出版大厦 A 座 13 层，邮编:130000
电　　话：0431-81629680
印　　刷：北京军迪印刷有限责任公司

ISBN 978-7-5581-7801-6　定价：50.00 元

# 目 录

## 第一章　文化与传统文化 ·········································· 1
- 第一节　文化与传统文化的内涵 ···································· 1
- 第二节　中华优秀传统文化的基本内容和主要特点 ···················· 8
- 第三节　中华优秀传统文化的传承价值 ······························ 13
- 第四节　高校传统文化教育的主要内容 ······························ 18
- 第五节　高校传统文化教育遵循的基本原则 ·························· 23
- 第六节　中华优秀传统文化对世界的影响 ···························· 30

## 第二章　大学生素质教育现状 ······································ 37
- 第一节　素质与素质结构 ·········································· 37
- 第二节　新时期大学生素质教育现状 ································ 48
- 第三节　中华优秀传统文化传承对大学生素质教育的有利影响 ········ 53

## 第三章　加强大学生思想政治素质教育 ······························ 58
- 第一节　爱国主义的中国文化根基 ·································· 58
- 第二节　当代大学生爱国主义教育现状 ······························ 67
- 第三节　加强大学生爱国主义教育 ·································· 74

## 第四章　加强大学生道德素质教育 ·································· 80
- 第一节　中华优秀传统文化与大学生诚信教育 ························ 80
- 第二节　中华优秀传统文化与大学生感恩教育 ························ 82
- 第三节　中华优秀传统文化与大学生修身教育 ························ 84

## 第五章　加强大学生创新素质教育 ·································· 106
- 第一节　中华优秀传统文化中开放进取的精神 ························ 106
- 第二节　创新素质的内涵和构成 ···································· 118
- 第三节　大学生创新意识的开发 ···································· 121
- 第四节　大学生创新素质的培养 ···································· 126

## 第六章 加强大学生职业素质教育 ············ 132
### 第一节 中国传统敬业观 ············ 132
### 第二节 当代职业素质构成及职业素质要求 ············ 138
### 第三节 大学生职业素质培养的意义和途径 ············ 148

## 参考文献 ············ 154

# 第一章　文化与传统文化

文化是一个国家社会发展的必要前提,一个国家的人文素质涵养体现了一个国家文化的发展。文化是需要不断进行改进、发展和创新的,随着社会的不断进步,文化也在日益影响着人们的生活和学习。文化也是一种传承,影响着一代又一代人的进步。

## 第一节　文化与传统文化的内涵

### 一、文化概述

不同内涵的文化的引申意义是不尽相同的,其从意义上可以分为广义的、狭义的和引申意义的,通常情况下使用"文化"一词的区别在于是否是本义、广义、狭义还是引申义。

(一)文化的内涵

什么是文化?贸然回答这个问题是很困难的,必须要在一定的语言环境中才能分析文化的真实内涵。

1. 文化的本义

所谓文化的本义,就是文化本来最先开始的用义。在我国古代就有文化这个词,其古义就是"文治教化"或"文章教化",指用文章、礼乐来教化人民,治理国家。文化的古义就是它的本来意义,与现在的文化含义是不同的,现在的文化意义是指在当前社会发展的条件下,随之产生出来的各种含义,是人们精神上的一种活动产物。

2. 广义的文化

广义的文化是指在社会历史发展过程中人类社会的积淀物,是不断变化的过程,是人类所创造的物质财富和精神财富。从广义的文化定义就可以衍生出各种形态的文化概念。

(1)物质文化,包含自然文化、经济文化、军事文化、建筑文化等。

(2)精神文化,包括哲学、政治、宗教、文学、艺术、教育、科学(自然科学和人文科学)、伦理等。

文化包含很多的类别,各种类别中又有其他的细类,无法一一列举。

就广义而言,文化是一个非常广阔的概念,是人类生活的总和。它着眼于当前社会人类与动物及大自然之间的一种本质的区别,是人类立足于自然社会的一种独特的生存法则。文化涵盖的范围非常广泛,包括众多的领域,如语言、哲学、科学、教育等;是作用于人类本身产生的精神文化,包括道德、法律、信仰等;是人类的一种活动方式,包括文学、艺术、音乐戏剧等;是创造了社会应用的,包括生产工具、日用器皿等;是各个地方的生活习惯,包括制度、组织、风俗等,文化包含人类生活的形式和法则。文化包含人类在处理人和世界关系中所采取的精神活动和实践活动的方式等极其广泛的方面。

3. 狭义的文化

对于狭义的文化,排除了人类生活中关于物质创造活动及其结果的部分,专注于某一项精神创造活动及其结果,特指人类社会的全部精神活动。所以,狭义的文化是从古义"文章礼乐教化"的含义发展而来的,比广义的文化范围要小,只局限于把握不同文化形态的特征,关注的是传承下来的文化积淀、凝聚、共有的人文精神。狭义的文化注重的不仅是人类社会共同的普遍精神,还包括人类民族的精神文化。

4. 引申的文化

所谓引申意义的文化,是指在本义和广义的基础上衍生出来的更加常见的含义。不管是中国还是外国的词义上都是更易见到的,汉语词义的引申义更是复杂和丰富多彩的。

(二) 文化的性质

我们研究文化,必须要弄清它的性质,也就是它的本质属性,它与其他事物的根本区别。我们这里所说的文化的性质,是指广义范畴的文化性质。

1. 社会性

文化是伴随着社会发展过程,不断进行总结、改进得出的新的社会形态下的产物。随着人类社会的进步和发展,在不同的社会形态下,都有相应的物质形态和精神形态。文化社会的根本是社会在精神文明和物质形态样式的发展下,文化随着社会载体的不同呈现出不同的表现形态。文化社会性的另一点就是一种社会的文化形态,是一定生活区域内人们所共同认知和共同追求的,以达到共同实现遵循的一种形态。总之,社会性质的文化是与人类社会紧密相连的,是社会发展下的组成部分和表现特征。

2. 民族性

所谓民族性,是指文化带有强烈的民族色彩,与民族的产生和发展紧密联系。文化的民族性主要体现在四个方面。

一是体现出一定的民族特色。世界上的国家有很多种,不同的国家有不同的民族特色,各种形式的民族特色组成一种特定的文化。

二是体现出一定的历史传统。中国在历史发展中历经了5000年,具有深厚的文化积淀,所传承下来的文化是富有历史色彩的。文化在古代的罗马与现代的罗马之间也是有区别的,随着历史的发展,不断促进国家的进步,都是具有一定的历史传统的。

三是体现出一定的宗教信仰特点。人与人之间的信仰是有区别的,有的信仰佛教、道教,也有的信仰伊斯兰教、基督教等。人的宗教信仰是自由的。

四是体现出一定的语言特点。中国传统的汉字文化是传承了上千年的,不单是汉字的演变,更体现中华民族的发展,是具有自身独特的语言种类的。各个国家民族之间也是存在不同的语言的,由于所处的地域、国家不同,所表现的语言文化也是不同的。

总之,文化的民族性是文化生存的根基,离开了民族性,文化就失去了它特有的色彩。

3. 阶级性

文化阶级性的意义在于不同的统治阶级为了维护自身的阶级利益而产生的一种具有阶级性的文化方式。自从人类社会出现了第一个阶级社会——奴隶制社会,统治者为了稳固自己的统治利益,就必然会创造一种符合自己阶级利益要求的文化产物。当出现统治阶级,也会产生被统治阶级,统治阶级出现了自身的阶级文化,被统治者也会产生自己的文化,用来反抗统治者的不公平的文化,来追求自由的生活。只要阶级社会存在,文化阶级性也是会继续存在的,那么阶级的文化就会打上属于自己阶级属性的烙印。

4. 延续性和发展性

不论是哪个国家的发展,文化的传承都是历经了很长的一段时间,所沉积下来都是发生了变化的结果。文化的发展是社会不断进步的表现,社会是文化发展的载体,承载着一个国家、一种文明、一种文化的发展过程,不管是从简单到复杂,还是从低级向高级,从有限的发展到无限的可能,文化都是一个渐变的过程。文化的延续和发展主要表现在以下三个方面。

一是表现在时间上的相承性。文化的发展从古至今,都是一种形态上的改变,不会发生大的突变与断裂。二是表现在空间上的逐渐扩展性。一种优秀的文化发展会产生很大的影响,通过空间上的传播来扩散发展。三是表现在内容上的不断创新性。文化的发展是不断进行更新和创新、增添新的内容元素。

总之,文化的延续性和发展性是文化赖以生存和发展的生命动力和条件,没有了延续性,文化就会消亡;没有了发展性,文化就不能创新和扩展。弄清文化的性质,可以帮助我们准确地把握文化的功能和作用。

(三)文化的功能

人类社会的存在和发展都是以多样性为基础的,其中最核心的表现就是文化的多样性。一个社会的发展需要融合许多种文化,包容优秀的文化,而抛弃恶劣的文化,能够充分地展示文化对于人们是至关重要的。一个国家、一个民族、一个地域想要立足世界之林中并得以更好地发展,就要不断完善、创新、补充自身的文化。具体来说,文化的功能表现在以下几个方面。

1. 文化是土壤

大地是人类的母亲,因为她孕育万物。文化就是人类精神发展孕育出来的产物。任何文化的生长都需要一定的物质土壤来孕育,也必然会孕育出与之相适应的精神体系、文化体系、价值体系、制度体系等。文化孕育主要表现在以下两个大方面。

(1)孕育民族传统

优良的传统文化是一个民族赖以生存的重要条件。将民族历史发展过程中所总结积累的优秀的思想、道德、风俗、艺术、制度等传承下来,得以教化后人,又通过不断的实践经验的总结、完善、继承、发扬,使传统文化增添新的元素和内容,就这样一代一代地传承、发展,民族的传统文化才能不断获得新的养分,生命力才会更加顽强。而传统正是靠文化的土壤孕育出来的。

(2)孕育民族精神

所谓民族精神,是指对一个民族的生存和发展自始至终起着重要的影响作用的思想意识和道德体系。一个民族想要立足于世界民族之林,就要有更加坚强的民族精神,它是支撑整个民族的脊梁,引导民族的发展,规范民族的行为和演变。一个没有民族精神的民族是无法自立于人类社会的,也是无法前进和发展的。民族精神也是民族在不断发展的过程中更新的内容,它是在文化的土壤里孕育出来的产物。

2. 文化是根

再高大的树木,再美丽的花,必有其埋于地下深处的庞大根系,靠这个根系吸收土壤中的水分和营养物质,地上部分才能枝繁叶茂。一个民族、一个国家、一个组织,其根系就是文化。文化的"根系"作用,主要体现在以下三个方面。

(1) 生长物质财富

可能会有人对此提出质疑:物质财富怎么是文化生长出来的?它应是人们通过劳动生产出来的。是的,物质财富是人们劳动生产出来的,但是人们是靠什么来进行生产劳动的呢?比如说司空见惯的农业生产,农民耕作,种植作物,生产出农产品,"日出而作,日落而息",如此而已,似乎很简单。但是如何耕作,种植什么作物,选用什么样的种子,怎样进行田间管理、锄草、治虫、整枝等,怎样才能高产,什么时候收获?这里有许多学问。要靠技术,特别是现代农业生产更是要靠高新技术,要靠科学知识。技术、知识是什么?不就是文化吗?这就是说物质财富的生产要靠知识、技术,更重要的是要靠掌握知识和技术的人——生产力的决定因素。人的文化层次、文化品位决定着物质生产发展程度的高低。

(2) 生长精神财富

文化是精神财富之根,大家都易于理解。但是文化是怎样生长精神财富的呢?从思想体系方面生长精神财富。思想的形成是精神财富的重要组成部分之一,其源头是文化。从教育、科技方面生长精神财富。教育、科技是一个民族、国家进步的标志,没有了教育和科学,这个民族只会永远处于蛮荒时代,不会有文明的发展。正是文化产生了科学和教育,教育和科学的发展又促进了文化的生长,二者之间相互促进产生联系。从道德、风俗方面生长精神财富。道德是调整人与人、人与社会之间关系的行为规范的总和,直接决定了一个民族的思维方式和生活样式,是民族特色的重要表现形式之一。而风俗是一个国家、民族或地方在较长时间内形成并流行的风尚、礼节和习惯。许多风俗对于保持历史优秀传统和健康的生活方式、教化后代是有积极作用的,所以,它是一种珍贵的精神财富。当然风俗也有不好的方面甚至是恶俗,不论是积极的还是消极败坏的风俗都生成于一定的文化。

(3) 生长民族特色

各个民族的多样性形成了世界的多样性。各个民族各有不同于其他民族的特色,因而能长久独立于世界民族之林,也就使人类社会呈现出五彩缤纷的民族形态。而民族特色是民族文化的重要组成部分,也是由民族文化生成的。

3. 文化是力量

文化是一种巨大的力量,它对一个民族、一个国家、一个地域、一个组织都是极其重要的,它直接影响着民族、国家、地域、组织的生存和发展。一个民族、一个国家、一个地域、一个组织必须对自己的文化力进行有机整合来提升自己的软实力,这就需要我们从功能基础上认清文化力的表现。

(1) 凝聚力

文化的凝聚力具体体现在一个组织群体成员对其文化的认同感和内趋力方面。文化凝聚力体现在组织成员能够对文化产生自豪感和骄傲感,在对文化加以了解的情况下,愿意为了文化的发展和建设出一分力量,为了文化的发展添砖加瓦,为维护文化的自尊而贡献力量,完成特定的使命。我国古代曾产生过许多热爱自己祖国、热爱自己文化的爱国人物,他们的爱国事迹和行为都是中华文化凝聚力所产生巨大作用的最好体现。

(2) 抗击力

所谓抗击力,是指文化本身在遭遇外来力量的入侵和打击,对文化产生一定的影响力的因素,文化本身会对这种压力和外来侵入力产生一定的防御措施,即为抗击力。一种独立形态的文化,本身就天然地存在对外界产生排斥的能力,不适应自身发展的准则,不适宜于自己生存发展的外来文化、外来因素都会产生天然的排斥反应,抵制这种外来因素,否则会自我丧失独立性,就犹如人体本身对外来细胞、移植器官的排斥作用是一样的。面对这种排斥反应若不加以适应以及接受,就会影响身体健康,甚至危及生命。更重要的是文化还会使其组织成员对外来压迫和侵扰形成反抗力。

## 二、传统文化的内涵

(一) 传统

"传统"由"传"和"统"两个字构成。在汉语中,"传"字本有传承、传递之意,"统"则指事物的连续状态,即一以贯之之意。《现代汉语词典》将"传统"一词解释为从历史上沿传下来的思想、文化、道德、风尚、艺术、制度以及行为方式等。它通常作为历史文化遗产被继承下来,其中最稳固的因素被固定化,并在社会生活的各个方面表现出来,如民族传统、文化传统、道德传统等。美国著名社会学家爱德华·希尔斯认为:"传统最明显、最基本的意义,是指世代相传的东西,即从过去延传至今或相传至今的东西。其决定性的标准是传统是人类行为、思想和想象的产物,并且被代代相传。"当然希尔斯也强调了这种"代代相传"在逻辑上并没有强制性、规范性。也就是说,传统的这种"代代相传"并非由各个历史时代的统治阶级以一套规范性的东西强制其社会成员在思想、观念、行为等方面接受或践行,反而是由各个历史时代的特殊的自然地理环境、经济形式、政治结构、意识形态等综合作用而自然形成、积累并流传下来的。因此,我们可以说,传统就是指由各个历史时代特殊的自然地理环境、经济形式、政治结构、意识形态等综合作用而自然形成、积累并世代相传直至今天的,且在当代仍时时刻刻对我们的社会和生活方式产生巨大的影响、起着重要作用并表现于社会生活各个方面的思想文化、制度规范、风俗习惯、宗教艺术乃至思维方式、行为方式等的总和。

由此可见,传统文化就是指在一个民族中绵延流传下来的反映民族特质和风貌的文化,是民族历史上各种思想文化、观念形态的总体表征。它既体现在有形的物质文化中,也体现在无形的精神文化中,任何民族都有着自己的传统文化,都是在其历史发展过程中形成和发展并流传下来的。

(二)中华传统文化的含义

"传统"代表的是一个民族、一个国家经过长久的历史积淀所传承下来的,有"传承"之意,而中国的传统文化则是指中华民族经过几千年的历史演变而形成的思想文化、人文习俗等。具体而言,在中华民族悠久的历史长河中,不断地进行发展,不断地进行改变,所遗留下来的文明。中国的传统文化博大精深、源远流长,是每一个中国人为之骄傲的荣耀,也是广大的中华儿女凝聚力的来源。同时,中国传统文化经过几千年的演变,是不断发展变化的,和现在的中国一起经历现代化,与当今社会的精神文明建设紧密相连,并为精神文明建设提供参考和借鉴。

中国的传统文化涵盖很广,既包括诸子百家的学术研究、琴棋书画的传统艺术,蕴含丰厚的传统文字,各种汉字文献,传统的中医研究,宗教理论哲学,民间工艺,每个地方的文化习俗、文化交流,更有神秘的武术奇学,古玩器物,神话传说,各个民族的戏曲艺术,甚至是各个地域的名山大川。这些中国传统文化的重要组成部分,相互影响、相互作用,共同影响着中华民族的文化发展和文化传承,对中国社会的发展产生了重要的影响。

(三)中华优秀传统文化的含义

中国优秀的传统文化属于中国传统文化的范畴,是中国文化的重要内容。所谓中华优秀传统文化,就是指中国传统文化的精华、精神与气魄,能够体现出中华民族精神价值的文化。这种优秀文化的发展,在中华民族的发展过程中,对中华民族的思想起着重要的作用,对于现代社会来说也有相对的价值,于文化思想层面上来说,能够促进社会进步和民族发展。

归结起来,中国优秀传统文化是指在中华民族漫长的发展史中形成的,有着积极的历史推动作用,并且至今仍具有其重要价值的那一类思想文化。以爱国主义为核心的中华民族精神、己所不欲勿施于人的宽容思想、以和为贵的和谐思想、自强不息的奋斗精神、克己奉公的人生态度等都是中华优秀传统文化的体现,是中华民族历史发展中创造出的精神财富,是生生不息代代相传的中华民族价值观。

(四)中华优秀传统文化的核心思想

当今社会的发展,是在构建中国特色社会主义社会的基础上构建的价值体系与我国优秀传统文化之间的联系,因此,需要对中华优秀的传统文化进行深层次研究。一般来说,中国优秀传统文化的核心思想主要有四个方面:一是阴阳五行的思想;二是天人合一的思想;三是儒家的以和为贵的中庸思想;四是自强不息、修身克己的思想。这四种思想是对中国传统文化的全面概括和总结,渗透于我国各个文化领域,深刻地影响着人们的行为习惯和思维方式。

阴阳五行的思想指出了事物的对立统一,以及发展变化的规律,是我国古代一种朴素唯物主义的哲学思想。天人合一的思想主要是解释人类与大自然的关系,认为人类是大自然的一部分,讲究人与自然的和谐相处和顺应天时,对自然是一种敬畏的态度。中庸思想对我国人民的行为、观念影响很大,一是和而不同,承认并接受事物之间的差异性;二是"忍"字当头,教人们要有忍让意识,对人和人之间的关系处理进行指导,如《礼记·中庸》说:"中也者,天下之大本也;和也者,天下之大道也。致中和,天地位焉,万物育焉"。俗话说"家和万事兴",也是以和为贵的理念的体现。修身克己的思想是指进行个人修养的构建,老子所说的"自胜者强"与自强不息一样,都是克己的思想体现。中国的优秀传统文化是随着社会的进步不断发展和改进完善的,这种思想是不会过时的思想。在迅速发展的当今社会,更多的传统文化应当被人们所认知与接收,需要重新挖掘出来并加以深入研究,对其核心思想理念的研究也是非常有必要的。

# 第二节 中华优秀传统文化的基本内容和主要特点

中国传统文化作为中华民族的伟大创造,曾以其辉煌的光照亮了东方,为中国乃至世界历史做出了重大的贡献。但到近代以后,在先进的西方文化崛起之后,中国传统文化变得落后了。作为一个民族庞大的遗产,直至今天仍影响着中国人的思想和行为。所以,正确认识和评价中国传统文化的历史价值和当代效应,正确处理传统文化和现代文化的关系,是增强我们民族自尊心与自信心的必要前提。

**一、中国传统文化与中华民族精神**

一个民族的精神文化就是一个民族文化传统的传承。民族文化是一个民族特有的精神灵魂,一种民族精神,任何一个伟大的民族都有其自身特有的精神文明。中国所特有的传统文化就是中华所孕育的民族精神,为了使中华民族成为一个可以屹立于世界的泱泱大国,其自身必须具有坚强的精神支柱。所谓民族精神,就是一个民族长期处于社会生活中所逐渐形成的、对本民族具有深刻影响的、是民族中人们共同认可并且共同追求的思想体系,包括对事物的价值观,以及对自然世界的影响。民族精神既具有民族性,又具有时代性。一方面它是民族文化的主体精神,是整个民族文化的灵魂所在,集中体现出一个民族在一定的客观环境和社会历史条件下所流传下来的一种精神,反映了一个民族所独特的精神面貌。另一方面,它又是具有时代性的,是一个民族经过长期的时间积淀下来的并且不断进行改进、完善所得出的结果,形成了一个民族新的时代精神。

(一)重德精神

中华民族以重视道德著称于世,道德在中国长久的文化中,不仅仅是人们思想行为方面的修养,而且还影响着整个国家、整个民族在不断发展的前提下所形成的一整套完整的体系,影响着社会的发展、文化的进步。

在中华民族的道德观念中,主要表现在尚仁、崇义和重节这几个方面。"仁"即仁爱,是儒家思想的核心,也是儒家所规定做人的最高道德标准。"仁者爱人""好仁者,无以尚义"这些都是《论语》中所体现的关于"仁"的地方。"义"是指道义,是中华民族道德精神的重要内涵,是人们行为的最高标准规则。《论语》中"君子喻于义,小人喻于利""君子以义为上""君子以义为质"等著名格言,都是对"义"的推崇。"节"是气节、节操,中国古代哲学对"节"非常重视。孔子强调"三军可夺帅也,匹夫不可夺志也"。孟子提倡"富贵不能淫,贫贱不能移,威武不能屈"。他们认为,君子的节操就是至大至刚的浩然正气。

儒家思想强调"圣贤"之理想人格,仁义礼智、修齐治平就是圣贤的标准。圣与贤是合二为一的,固为圣者必贤,贤者通圣,圣贤者,就是以仁义礼智作为规范,以修齐治平作为修行方法。君子者,也就是崇尚圣贤的有德之人。

(二)宽容精神

对人宽容、爱人即达到人际关系的和谐,这是中国传统文化中甚为重视的内容之一。孔子提出"仁即爱人",主张对人要有爱心。孟子把"仁"上升到政治高度,提出"仁政",要求统治者要体恤百姓疾苦,关心百姓生计。墨子也提出"兼爱",即认为人与人之间要相亲相爱。《易经》"坤"卦曰:"地势坤,君子以厚德载物。"要求君子应当具有像大地一样宽广的胸怀,以宽厚的德行包容世间事物。

中华民族是一个统一的具有多民族的大家庭,各个民族之间的交往和文化传播之间的相互影响,都体现了整个中华民族精神所特有的宽容精神,民族之间相互包容,相互传播文化,融合成一个整体。《尚书·尧典》中就有"协和万邦"之说,主张各民族要相互团结,和睦共处。许多朝代的统治者大都奉行宽容的民族政策,可以说各民族的融合贯穿于整个中国历史。

"和"也是中国古典哲学的重要范畴,其含义就是指矛盾的对立统一以及多种事物的和谐相处。孔子主张"君子和而不同",《易传》有"天下百虑而一致,同归而殊途",都是认为:"要在对立中求得统一,要有容纳一切事物使之和谐相处的伟大胸襟"。儒家的"中庸"思想,也是对"和"哲学的诠释:"不偏之谓中,不易之谓庸。中者,天下之正道;庸者,天下之定理。"这是要求人们在正道定理的基础上,实现人与人之间的和谐共处。

(三) 自强精神

刚健有为,自强不息,是中华民族千百年所形成的民族精神,深藏于中国优秀传统文化之中,是中国优秀传统文化最基本的精神。

《周易》中"天行健,君子以自强不息";孔子倡导"士不可以不弘毅,任重而道远";老子强调"知人者智,自知者明;胜人者有力,自胜者强;知足者富,强行者有志;不失其所者久",这些都体现了中华民族积极进取、奋发向上、自强不息的精神。这种坚韧不拔的精神也是现代成功者必备的条件,对今天的大学生具有特别重要的意义。《论语·里仁》说:"朝闻道,夕死可矣。"《论语·述而》又说:"发愤忘食,乐以忘忧,不知老之将至。"他最鄙视的就是那种"饱食终日无所用心"的人生态度。

中华民族几千年的文明史,处处都反映出代代流传的自强精神。《周易集解》引载东晋人干宝的话说:"尧舜一日万机,文王日昃不暇食,仲尼终夜不寝,颜子欲罢不能,自此以下莫敢淫心舍力,故曰自强不息矣。"司马迁在《史记》中开篇就说:"西伯拘而演《周易》,仲尼厄而作《春秋》,屈原放逐乃赋《离骚》,左丘失明厥有《国语》,孙子膑脚《兵法》修列,不韦迁蜀世传《吕览》,韩非囚秦《说难》《孤愤》,《诗》三百首,大抵圣贤发愤之所为作也。"他的意思就是说明中华民族历来就有愈遭挫折愈是奋进的传统。

正是这种自强不息、坚忍不拔的精神,支撑着整个民族的进步和发展,由这种自强精神又进一步扩展深化为刚正不阿、坚持正义、不屈不挠、反抗压迫以及自立于世界民族之林的精神。

(四)求实精神

中华文化历来就有实事求是、求真务实的传统。中华文化素来重视对社会、人生问题的探讨,并以人心和人生为观照,因而特别重视现实,故把实事求是作为认识原则和道德信条。

孔子从来提倡实事求是的良好学风,谆谆教诲弟子们"毋意、毋必、毋固、毋我",即反对主观臆测、决然断定、拘泥固执、唯我独是的做法,他主张"学而时习之""知之为知之,不知为不知""道听而途说,德之弃也"。从孟子的"施仁政"思想到王充的重实事、疾虚妄,到陈亮、叶适、颜元等主张的注重事功、义利双行和王霸并用,都是求实精神的反映。又如从孔子提倡的学以致用,到明清思想家主张的经世致用;从传统史学坚持的秉笔直书、信史直录,到古典文学注重揭露时弊表现出来的写实主义,都体现了中华民族实事求是的精神。

求实精神必然表现为务实的人生态度。中国人历来务求实际反对空想。在民族性格心理上,也表现为推崇朴实无华,立身行事,讲求脚踏实地,鄙视华而不实、弄虚作假的作风。在中国古典哲学的思维上表现为重理性的人本主义,反映出来的是典型的"无神论"思想,重生轻死,重人道、轻鬼神,"敬鬼神而远之",王权高于神权,这也是与西方神本主义的宗教观截然不同的一个特点和优点。

## 二、中国传统文化的特征

(一)崇德尚贤的伦理性

在几千年的漫长历史发展过程中,中华传统文化始终以伦理道德作为其价值取向的核心,德育至上是其显著特征之一,这在中国古代的重要典籍中多有记载,尤其体现在儒家经典中。如《尚书·尧典》曰:"克明俊德,以亲九族。"《尚书·召诰》曰:"瞵不敬厥德,乃早坠厥命。"《尚书·蔡仲之命》曰:"皇天无亲,惟德是辅。民心无常,惟惠之怀。"这些都是从社会、家族、个人等各方面来说明德的重要功用。先秦儒家学派的诞生则将道德教化思想提高到新的高度。儒家经典《大学》更开篇即点明全文宗旨是:"大学之道,在明明德,在亲民,在止于至善。"意思是说,大学教人的道理,在于使人彰显发扬光明美好的德性,再推己及人,使人人都能去除污染而自新,最终达到并保持完美之善的境界。孔子的《论语》中不仅有"志于道,据于德,依于仁,游于艺""德之不修,学之不讲,闻义不能徙,不善不能改"等相关言论来论及修德的重要性和必要性,还对修德有具体的行为要求,如:"弟子入则孝,出则悌,谨而信,芝爱众,而亲仁。行有余力,则以学文。"这"孝""悌""信""仁"等便都是修德的具体要求,从"行有余力,则以学文"可以看出孔子将修德放在首位,而将学习知识、做学问等放在修德之后,这自然也是在强调修德的重要性。孟子则更加发展了孔子的德育思想,他说:"人之有道也,饱食暖衣逸居而无教,则近于禽兽。"他不仅认为道德是人之所以区别于动物的标志,每个人都应该遵守道德准则修养德行,还认为道德教育对治理国家有重要意义,整个社会和国家也应该通过道德教育来弘扬德性。儒家另一代表人物荀子则认为后天的道德教化"能化性,能起伪,伪起而生礼义",并最终达到"涂之人可以为禹"之目标。可以说这种观点与孟子乃殊途同归。后来各代儒家学者不断发展了这种道德教育思想,更使其逐渐走向理论化、系统化和完善化。

中国传统文化对伦理道德的重视不仅体现在中国古代典籍中,更体现在中国古代人们的道德践行中。一方面,中国古代社会统治者大都重视以德治作为治理国家和教化民众的工具之一,他们认为只有用道德手段教育、感化并约束人们,才能使之具有道德自觉,心悦诚服地守法尊礼,知耻从善。另一方面,在中国古代社会,不论统治者还是平民百姓,人们也大多以追求理想的圣贤人格为人生目标,他们通过对儒家经典的学习,以仁、义、礼、忠、孝、悌、信等儒家思想的具体内容作为标准来要求自己的日常行为,从而激励自身加强道德修养,完善人格操守,提高人生境界,实现个人价值等。

(二)绵延不绝的强劲生命力

英国历史学家汤因比曾说,在近6000年的人类历史上出现过26种文化形态,其中发源较早的文化体系除了古中国文化以外,还有古印度文化、古埃及文化、古巴比伦文化、古希腊罗马文化等。古中国文化还与古印度文化、古埃及文化、古罗马文化一起并称为"世界四大古老文化"。但在这些文化形态中,只有一种文化体系是长期延续发展而从未中断过的文化,这就是中国传统文化。古埃及文化因为入侵者的不断变化而不断改变着自己的面貌,古印度文化由于遭受雅利安人的侵略而雅利安化,古罗马文化在日耳曼族的占领后遂告中断并沉睡了上千年,古巴比伦文化则早已毁灭殆尽。与其他古代文化体系因外族入侵所导致的消失或中断或异化有所不同,中国传统文化在东亚大陆上按照自身的逻辑演化历经五千余年坎坷跌宕却始终未曾断绝,成为人类历史上唯一长期延续发展而从未中断的文化。这在人类文明史上是独一无二的,展现出它强劲的生命力、巨大的凝聚力以及超常的稳定性。

(三)开放、包容、内化的自我革新性

中国传统文化之所以具有如此顽强的生命力,与其自身所具有的开放精神、包容精神、内化精神等密不可分。

古代中国是一个开放的国度,一是国家内部之间各个诸侯国相互合作,二是与其他国家的交流和文化传播,这就是中华传统文化的开放性和兼容性。数千年来,不管是在哪个朝代,中国传统文化都能够及时进行自我创新、自我完善,以适应社会时代的不断发展,紧跟时代的脚步。

中国传统文化起源于黄河流域,是典型的农耕文化,然而随着北方游牧民族的不断入侵,这种农耕文化亦受到游牧文化的不断入侵,只是在两种文化不断碰撞的过程中,中国传统文化总是能吸收异族文化的精髓并将其内化成为自身文化的一部分,即便是在游牧民族占领中原地区成为统治者的时代,中国传统文化的这种特点也未曾消失。

中国传统文化的包容性同样也表现在对外来文化的主动吸收与内化上。如果说对于游牧民族的文化因战争原因而略显被动的话,那么中国传统文化对于来自西方文化的吸收与内化则更显积极主动。以对古印度佛教文化的吸收内化为例,古印度的佛教等其他文化的佛教文化自汉代传入中国后,经过魏晋南北朝时期的主动消化吸收,至唐代已完全中国化,并与儒、道文化一起成为中国传统文化的重要组成部分。可以说,这种包容力与内化力体现了中国传统文化海纳百川的胸怀与气魄,更体现了中国传统文化强烈的自我革新精神。也正因此,中国传统文化才在与外来文化的不断碰撞交融中变得更加强大和成熟起来,形成一种自然而然的凝聚力和超强的文化适应力,进而使其成为人类历史上唯一延续发展并保存下来的文化典范。

## 第三节 中华优秀传统文化的传承价值

文化冲突与融合要求我们正视当代中国文化的生存困境,科学的发展战略促进传统文化的发展。我们党和政府始终重视传统文化的发展,提出了诸多关于如何对待传统文化的思路与建议。党的十七大报告明确提出"弘扬中华文化,建设中华民族共有精神家园",该论断充分表达了中国共产党关于社会主义文化建设的新思路,也提出了要从精神家园的建构角度科学对待与弘扬中国传统文化的新观点。

## 一、正确处理"一"与"多"的关系,建构文化关系的新模式

坚持马克思主义指导地位是继承与发展中国文化的前提。在巩固主流意识形态地位的前提下,科学处理主流文化与多元文化的关系是继承和发展中国文化、巩固主流文化主导性的重要前提。因此,正确处理"一"与"多"的关系,建构科学的文化关系新模式是科学继承与发展中国文化的逻辑前提。

中国特色社会主义文化的主导地位是发展社会主义文化,但必须在壮大社会文化的前提下积极倡导多元文化并存的发展道路,科学处理"一"与"多"的辩证关系。要从中华民族发展的整体利益出发,始终坚持具有中国特色社会主义发展文化的道路,坚持"一"与"多"的全面发展。首先要从社会的现实情况出发,理性地从社会文化的多元性出发,发展经济基础上文化的"多元性",坚持唯物辩证法的观点与原则,既要坚持"一元",即坚持中国特色社会主义理论的主要指导,也要允许"多元",即允许其他"多元"的外来文化与之相结合,共同发展,统一起来。

在处理"一元"与"多元"文化的关系时,始终把握住既不能走文化专制主义的老路,也不能倡导文化自由主义的歪路。马克思主义文化代替了一切的文化思想路线,这是文化专制主义所不承认多元文化存在的原因。文化自由主义者则反对马克思主义文化统领其他文化的发展。文化之间都存在很大的问题,不利于中国文化的继承与发展,影响主流文化的凝聚力和主导力。

构筑文化关系的新模式是中国文化发展的科学之路。文化是随着人类社会的进步不断发生变化的,是在人类物质社会影响的条件下所发生的改变,传统单一的计划经济体制决定了文化关系模式存在的逻辑合理性,而改革开放以来社会主义市场经济利益主体性增强与利益结构复杂化的客观存在,决定了"和谐哲学"指导下的文化新关系模式的合理性与科学性。"斗争哲学"理念下的文化建设适应了民主革命与社会主义政权巩固的需要,以肃清封建主义文化和资本主义文化的残余,巩固社会主义文化主导地位以及实现无产阶级专政为最终目的。"和谐哲学"理念下的文化关系模式是社会与人民文化之间相互统一的必然结果,是构建社会主义和谐社会的基础哲学,是文化在改革开放中考虑中国国情的前提下所做出的理性选择。

当前"和谐哲学"指导下的文化关系新模式在社会诸意识的"和而不同"中巩固社会主义文化的权威性,即承认社会意识诸形式与主导文化对立统一的客观存在,追求实现马克思主义与多样性文化的双向回应、协商谅解、合作互动、共构共赢的新型关系模式,在诸社会文化的和谐统一中巩固社会主义文化的主导地位。当

代中国提升主导文化的凝聚力和吸引力,必须实现社会意识诸形式的主导性与多样性的和谐,以交流、沟通与辩驳的形式解决不同观点之间的矛盾,而不是以社会主义文化的主导性去压抑其他社会意识形态存在的合理性,也不能用多样性文化替代社会主义文化的主导地位。在中国文化的具体建设中,要在始终坚持马克思主义主导地位的前提下,尊重差异,包容多样,以马克思主义引导时代风尚,整合多样性文化,达到巩固社会主义文化主导性的目的。

首先,坚持以马克思主义文化的主导地位为前提。改革开放以来,多种经济形态存在的客观事实决定了人们思想意识领域的独立性、选择性、多变性与差异性的变化,造成了社会意识多样化与价值观念多元化的客观事实。只要有阶级存在,就会有从属于不同阶级的文化之间的斗争存在。在全球化时代下,资本主义文化与社会主义文化的斗争依然存在,西方发达国家凭借其在经济、政治、科技、文化上的主导权,通过各种方式渗透其思想意识与价值观念,试图消解社会主义文化话语权,进而瓦解社会主义政权。多样性文化中蕴含了大量的资本主义文化的思想与价值理念,因此,我们必须始终坚持马克思主义文化的主导地位,为社会主义政权的巩固提供观念的保障,同时在此基础上以辩证唯物主义和历史唯物主义的科学立场、观点与方法,区分对待不同质的思想意识,在尊重人们认识差异性的基础上用马克思主义引领时代风尚,实现社会主义文化与多样性文化的和谐共存。

其次,尊重人们思想意识的差异性、多样性、选择性与现实性的客观存在。人们思想认识的差异性、多样性的根源在于市场经济带来的利益结构复杂化与人们的主体性的增强,因而多样性思想观念有其存在的逻辑合理性。尊重差异性、多样性符合社会主义和谐社会的本质要求,对于实现人的全面发展有着积极的意义。因此,在文化的建设中,我们要坚持人民至上性原则,尊重人们认识的差异性与多样性,坚持"尊重差异,包容多样"的原则,在坚持马克思主义指导地位的前提下,客观公正地看待人们思想观念的差异性,促进人的全面发展。

最后,要坚持文化层次性与先进性的统一。社会主义文化的层次性表现在其由共产主义思想体系的最高价值目标、观念制度层面的社会主义政治思想、社会主义道德以及心理基础层面的爱国主义思想、人道主义思想等。在文化的建设中,辩证统一地对待文化的不同层次,直接关系到文化的先进性与主导性,关系到文化的吸引力和凝聚力。

我们要在引导人们追求文化最高理想和道德层次中巩固社会主义文化话语权;要在正确引导社会心理的过程中,弘扬爱国主义、集体主义等思想,使人们自觉地遵循社会主义核心价值观的基本要求,在全社会确立社会主义文化的先进性与主导性;自觉地从不同群体和不同层次的人的现实需要出发,做出文化宣传的层次性判断,不能将理论的理想内容置于抽象的理想化状态。

**二、以科学的态度对待各种社会思潮,丰富中华文化的核心内容**

社会文化领域的多样性是当代中国社会发展的正常状态。在继承与发展中国文化的过程中,要坚持科学的正确态度和辩证的唯物主义理念,坚定立场以及历史唯物主义的观点,辨析社会发展条件下的思想状况发展的性质,不断丰富和发展中国文化的内容。

要树立科学的文化观,应始终有对文化高度的自觉。科学的文化观是我们正确对待文化领域中诸多复杂问题的前提,是巩固文化主导地位、增强文化吸引力和凝聚力的思想基础。在文化多变的情况下,根据社会发展的现状,正确处理文化多样性,首先要有科学合理的方法,正确的科学观念,对文化的透彻理解。

在文化复杂的问题领域中,要始终坚持马克思主义在社会主义社会文化领域中的领导权和主导权,发挥马克思主义在社会中的思想引导与整合功能,使马克思主义成为引领人们思想的旗帜;要根据社会实践的变化及时调整文化建设的策略与内容,使社会主义文化在实践中实现理论的嬗变以保持自身的先进性与主导性;要及时调整文化的主旨方向,转变文化思维方式,从传统阶级斗争的思维转向尊重与实现人的价值的思维方式以对待文化诸问题,克服传统文化忽"左"忽"右"的错误。

对待"文化多样性"与"指导思想一元化"时,我们要以文化的高度自觉,在遵循马克思主义道路的基础上,站在社会发展的思潮上面,理性地分析判断出当前社会的多元化,对于新的社会发展下的产物进行统一的对比,做出客观性的评价,以严谨的科学态度处理好科学文化领域中的复杂问题。科学理性地认识和对待各种社会思潮。"一般来说,社会思潮是指改革开放以来在我国得到广泛传播,反映一定社会阶层或某些群体的利益需求,具有比较系统的理论体系,对社会生活具有某种程度影响的非主流文化的思想潮流、思想趋势及思想流派。"现代化进程中利益主体性增强与利益结构的复杂化是社会思潮多样化状态呈现的合理解释。

当代主要的社会思潮以纷繁复杂、变化不定的表象呈现给世人,但隐藏于其后的各种非马克思主义或者反马克思主义思潮的共性或实质在试图解构社会主义文化形态,争夺文化领域与社会改革实践领域的话语权,影响中国的社会性质与历史走向。因此,以马克思主义科学理论观认清各种社会思潮的本质,是巩固文化主导权与增强文化吸引力和凝聚力的保障。

当代中国,"资本主义经济范式与政治纲领"的新自由主义、资产阶级左翼思潮的民主社会主义,保守主义的文化与后现代的文化领域与马克思主义之间有着不少的争斗。科学理性地面对此思想思潮,能够具有高度的自觉主动侦查的能力,辨别判断当前社会诸多的思想文化,做出正确的处理,正确区分资本主义文化与社会主义文化二者之间的差异性,尊重差异性与多样性的变化,实现多样性和主导性之间的辩证统一,不断增强社会主义文化的先进性,巩固社会主义文化的社会地位与社会话语权。甄别社会思潮中关于学术性和政治性问题的区别,并能正确处理。

多样性的社会思潮在其表现上体现出了学术性与政治性之间关系的统一。社会思潮的学术性是指从理论层面对社会思潮进行学术探讨,以"求真"为研究旨趣。社会思潮的政治性表现在其作为文化的党性上,即各种社会思潮通过各种策略与途径试图获得文化话语权与领导权。当代社会思潮的宣传中,不仅借助其理论自身的优越性与公正性阐释社会现实问题以影响人们的思想观念,直接争夺文化的话语权,也体现在借助学术研究的"求真"性,使人们认同社会思潮作为文化上的科学性、真理性与权威性,进而确立文化的主导地位。

**三、辩证对待中国文化传统,增强中国文化的主导性**

中国文化的发展始终不能忽视文化传统的重要意义。中国文化传统中蕴含了丰富的有价值的思想精华。科学辩证地对待中国文化传统,汲取其中蕴含的有价值的瑰宝,摒弃其中的糟粕,是中国文化复兴的必然之路。继承、发展和弘扬中国文化,要正确处理继承与创新的辩证关系。

回顾社会主义发展史,社会主义建设的失误与问题恰恰从反面证明了继承与创新关系的重要性。在中国文化的继承发展过程中,对于中国文化传统的继承,应该采取的方法是批判地继承,既批判其腐朽没落、保守陈旧的方面,又继承其积极向上、文明进步的方面。

在这个问题上,既要批判民族虚无主义、历史虚无主义的观点,又要批判复古主义、国粹主义的观点。要批判对中国文化传统全盘否定的观点,批判那些认为中国文化传统中过时的、没有价值的观点;要批判那种认为中国文化传统没有任何缺陷的观点,批判那些反对外来文化而主张复古倒退的复古主义的观点。在处理中国传统文化的问题上面,要理性地运用马克思主义的辩证分析法,应当实事求是地面对问题,不能出现对文化的偏见和误会,要理性处理。

实际上,中国传统文化是一个非常复杂的庞大的系统,既有进步的因素,也有消极落后的成分。传统文化的发展是一个悠久长远的积淀,对于近现代社会的应用既会产生有用的方面,也有部分会产生负面的影响。中国文化传统的批判继承是一项复杂又长久的工作,需要正确的思想制度指引前进,肯定有用的东西,批判该批判的,取其精华,去其糟粕,正确对待中国文化传统,具体问题具体分析,制定出科学合理的方法,推进文化的发展与进步。

**四、积极弘扬民族精神与时代精神,开展精神文化教育**

我们要继承中国文化中的优秀思想,构建中华民族共有精神家园,对传统文化继承、发展、创新,使中国传统文化真正融入中华民族的血脉之中,成为中华民族的民族性格、民族精神和民族心态。我们应始终站在传统文化的正面,对中国文化保持坚定的立场,使人们能够充分感受到传统文化的魅力,得到各个民族人民的认可,实现民族认同感、归属感,实现民族与文化之间的互动交流。

要从中国共产党以及全国各族人民的历史实践中升华民族精神,从中不断学习社会主义核心价值观念,增强中华文化的时代性和创造性,并始终保持先进性。在弘扬传统文化的同时要遵循不断发展创新的原则,在发展的基础上虽然要发展传统的东西,但是也要在此基础上发展创新,汲取新鲜的事物,摒弃保守主义,保持先进性,发展文化的繁荣性,实现社会主义文化的大繁荣。

## 第四节 高校传统文化教育的主要内容

中华优秀传统文化有着五千年的悠久历史,内容博大精深,从家国到社会再到个人,每个层面上都蕴涵着丰富的教育资源。当前,伴随着社会主义文化事业的发展,中华传统文化元素越来越多地走进高校课堂,对大学生进行中华优秀传统文化教育成为高校不容忽视的内容。面对新时期的新形势和新情况,充分发挥中华优秀传统文化的教育功能,大力继承和弘扬中华优秀传统文化,必须在马克思主义的指导下,坚持显性教育与隐性教育相结合,在传承中创新,在弘扬传统文化的过程中不断借鉴国外优秀文化。

**一、以天下兴亡、匹夫有责为重点的家国情怀教育**

2014年4月,教育部颁发了《完善中华优秀传统文化教育指导纲要》明确指出,高校应开展以天下兴亡、匹夫有责为重点的家国情怀教育,培养大学生的爱国主义情怀,增强大学生对国家的认同感。使当代大学生能以国家的衰落或落后为耻辱,以祖国的繁荣富强和国力强盛为荣,不断为中华民族的伟大复兴而努力,在追逐中国梦的过程中不断实现自己的梦想,树立民族自信心,做一个有自信,能自强,懂自尊的中国人。家国情怀是一种高尚的道德情操,具体表现在一个人对国家的高度归属感、高度认同感和高度责任感、使命感。它是中华传统文化中最宝贵、最活跃的精神资源。是一个人对自己祖国、民族和人民的深情大爱,是对国家富强、人民幸福的一种追求。正是这种精神使得中华民族即使是在极其危难之际,仍能屹立不倒。

家国情怀中蕴含着丰厚的中华优秀传统文化积淀,是中华民族鲜明的文化特色。家国情怀的内涵概括起来具体表现在,个人对天下苍生关爱的朴素情感、个人对家园故土至深的热爱、对家国至上价值准则的认同和固守、对共同文化信仰的执着等方面。这些与中华优秀传统文化中的"重民本、讲仁爱、崇正义、守诚信、尚和合、求大同"的价值观一起构成了中华优秀传统文化的价值源泉。正如钱穆先生所说:"有家而有国,次亦是人文化成。中国俗语连称国家,因是化家成国,家国一体,故得连称"。在中国的古代社会里,政治管理模式是以血缘关系为基础的家国模式,血缘关系与政治关系相联结是我国古代政治的一大特色,在此基础上形成了"忠君孝亲"等一系列道德观念和规范。

在中华优秀传统文化中,家国情怀可以说是说不完道不尽的。在中国的文学作品、经典著作、思想文集、万卷史书、民间故事等等中都蕴含着"家国"二字。古代经典著作《大学》中曾写道:"古之欲明德于天下者,先治其国;欲治其国者,先齐其家;欲齐其家者,先修其身。"这段话将国家,社会,家庭和个人联系在一起,组成了一个密不可分的整体,历代读书人以此为准则,毕生追求修身、齐家、治国、平天下的道德理想和行为准则。在五千年的发展历程中,中国的社会经历了沧海桑田般的变化,但无论社会怎样变迁,在中华儿女的内心时刻都深深地烙着"万物本乎天,人本乎祖"的道德准则,无论在什么样的情况下,即使是生死关头也都自觉遵循"敬天法祖重社稷"的古训。这种家国情怀在中国社会里薪火相传,经久不息。从先秦的"修身齐家治国平天下",到汉代的"大风起兮云飞扬,威加海内兮归故乡",到三国的"鞠躬尽瘁、死而后已",再到盛唐的"安得广厦千万间,大庇天下寒士俱欢颜",再到两宋时期的"精忠报国",再到明清时代的"天下兴亡、匹夫有责",再到民国的"我自横刀向天笑,去留肝胆两昆仑",家国情怀深深地烙印在中华儿女的内心深处,在中华文明的历史长河里涌现了无数的拥有爱国之心的仁人志士,他们将自己的生死置之度外,时刻心怀民族大义,将国家的利益时刻放在首位,比如战国时代的屈原,汉代的苏武、张骞、昭君,三国时期的曹植,宋代的岳飞、范仲淹、文天祥,明末的史可法,清末的魏源、严复、林则徐等。还有无数的志士仁人,他们为国家的昌盛繁荣、独立自强、人民的安居乐业、幸福生活贡献了自己的一生。中华优秀传统文化中丰富的爱国教育资源,是新时期大学生爱国主义教育取之不尽用之不竭的源泉。

**二、以仁爱共济、立己达人为重点的社会关爱教育**

何谓"社会关爱"?《完善中华优秀传统文化教育指导纲要》强调指出,主要是处理好三种关系,即人与社会、人与自然、人与他人的关系。要心地善良、为他人着想、尊老爱幼、扶残济困、奉献社会、并尊重热爱自然。在社会上形成人人都乐于奉献、热心公益事业的良好风尚。把青少年培养成讲文明、有素养、懂礼貌、有爱心的中国人。中国封建社会,历史悠久,长达两千年,在中国封建社会里占据着正统地位并且以官方意识形态统治人们的是儒家思想,其"以儒治世",是历代统治者及传统士大夫所选择的,从孔孟到明清各时期儒学思想观点来看,都体现了统治阶级对儒学进行"为我所用"的改造,从而实现其维护统治的目的,达到"治世"。

在儒家思想的诸多论述中,可以得出"处世"问题是其论述的重要命题,它主要探讨了人们怎样对待世界,怎样做到人与人之间的合理相处,它是一种社会情怀,主要以仁为内核而展开,以儒家的忠恕之道——"己欲立而立人,己欲达而达人""己所不欲,勿施于人"为金科玉律,构成处理人际关系的准则。它要求人们在生活中将心比心,学会换位思考,想要得到别人的仁爱,首先得自己对别人仁爱,想要得到别人的宽恕,首先自己得有宽恕之心,自己不愿做的事不勉强别人,根据自己的内心体验来推测他人的感受,站在他人的角度思考问题,尊重他人的利益和想法,真正做到"理解他人,尊重他人"。

"能近取譬,可谓仁之方也已"(《论语·雍也》),儒家思想要求人们不单在处理人与人之间的关系时要遵循忠恕之道,它还要求个体以己为中心,将仁爱的思想,不断地向家庭、社会、国家、自然而推广开来,同时也作为处理人与家庭、人与社会、人与自然的关系的准则。

这种立己达人的忠恕精神落实在个人与家庭关系中,就要求人们做到尊老爱幼、孝顺父母、爱自己的兄弟姐妹。中国的古代社会是一个个家庭组成的社会,家庭是社会的细胞,只有家庭和谐稳定了,社会才会稳定,所以古人一直十分重视家庭的和睦,反复强调家和万事兴。

正如孟子所说:"仁之实,事亲是也;义之实,从兄是也。(《孟子·离娄上》)"孝道是中华传统文化中最突出的特色,也是中华优秀传统文化的重要组成部分。中华民族自古以来就有尊重老人的优良传统,"百德孝为首""百善孝为先",中国历代都提倡孝敬供养父母。在处理个人与家庭的关系时,另一个要处理的就是与兄弟姐妹的关系,中国社会一直强调要爱兄弟姐妹,兄弟如手足。《三字经》中孔融四岁让梨的故事一直以来都是中国历史上脍炙人口的兄弟相敬相亲的典范;曹植的"本为同根生,相煎何太急"诗句总能唤起人们对兄弟之间反目成仇相互伤害的谴责。

当然,儒家的这种忠恕之道并没有止于家庭,它向外扩展,落实于社会之中。"老者安之,朋友信之,少者怀之""老吾老,以及人之老;幼吾幼,以及人之幼",都是忠恕之道的体现。在古代社会中,儒家的伦理道德要求人们关心、爱护、尊敬他人,急人所急,想人所想,有时甚至可以牺牲自己的利益以成就他人的利益。它要求人们发扬"仁爱互济、立己达人"精神,提倡"四海之内皆兄弟"这种超越血缘关系的"泛爱众"。这些思想对于增强现今社会人与人之间的友善,减少矛盾和冲突,培养大学生的社会责任感和社会意识,仍有着重要的现实意义。

### 三、以正心笃志、崇德弘毅为重点的人格修养教育

中华优秀传统文化源远流长,在历史的长河中,不断升华凝练,充满了诸多治国、修身、齐家、正心的大智慧。这些精华内容,顺应时代潮流,与时俱进,始终保持着顽强和持久的生命力,铸就中华文明精神内核的实质。在特定的历史背景下,传统文化的修养理论,成为人们维护正义、坚守家园、热爱民族的灵魂与精神支撑。在历史的长河中。中国传统人格观造就过舍生取义、保家卫国、充满正气凛然的民族英雄。他们以自己的人格实践和从中华优秀传统文化中汲取的营养,浇灌和培育了历史的文明之花。

纵观当今中国高校的人格教育,鲜有院校将中华优秀传统文化放在重要位置上,大多数对中华优秀传统文化或存而不用或敬而远之。然而,传统文化对一个国家、一个民族具有非凡的意义,一个民族如果没有了自己的文化,就如同涸辙遗鲋,民族存亡危在旦夕。传统文化对个人人格的养成具有重要的意义,我国各高校大学生人格的培养应该立足在中华优秀传统文化之上。随着全球化的发展,各种文化和思想意识相互碰撞,在大学生的日常生活中充斥着各种各样的价值观,在这样的时代背景下,我们更应该加大对中华优秀传统文化的弘扬力度。

但是这种对传统文化的继承和发扬,是现代人类文明在此基础上的再生,不是传统人格的复归。当代大学生人格培养要传承和弘扬中华优秀传统文化,使其发扬光大。

中华优秀传统文化注重人格的修养,在历史的长河中共形成了四种具有代表

性和导向性的理想人格修养。儒家注重完美的情操和崇高的道德,形成的是以"圣人"或"贤人"为目标的君子人格。孔孟等儒家代表人物,将尧、舜、禹、汤等古人理想化,赋予他们高于普通大众的人品、才能和诸多的丰功伟绩。在他们身上闪烁着克己复礼、大道之行、天人合一、安邦定国等高尚品德,这些正是儒家所崇尚的,儒家将他们奉为所有社会成员的楷模。"仁""诚意"是这种圣贤人格的核心,它推崇仁爱思想,对内君子要孝顺父母,爱护兄弟姐妹,对外在社会上要泛爱众人,爱护社会上的每一名成员,延伸到自然界要爱护自然界的万物,时刻怀着一颗仁爱之心。这种仁爱之心外化成"礼",在社会上时刻以礼待人,谦恭有礼,内外兼修。历代圣贤大都通过"格物""致知""诚意""正心""修身"的方式进行修养,最终到达"齐家、治国、平天下"的目标,在社会中尽职,使自己的人格不断地得到提炼和升华。

以"真人"或"神人"为理想人格的道家人格。道家追求的是人性原始和质朴的状态,主张把人看作是客观世界的一部分,推崇无为而无所不为。就像老子所说的"圣人处无为之事,行不言之教"。理想人格的最高境界是自然朴素、身心合一。提倡自然心性和意志独立、精神自由。这种理想人格的修养最终目标是要达到消除自我与外物、外界的矛盾的状态。中国历史上很多文人墨客受到道家这种自然无为和返璞归真的人格修养的影响,在人际交往和处理社会矛盾时他们能以开朗豁达、宁静淡泊的心态去面对,这培养了他们淳朴自然的人生态度和生活情趣,使自身的人格得以不断修养。

以"强者"和"侠义"为理想人格的墨家人格。墨家要培养的理想人格是一种"利天下为志"的人格修养,这种理想人格有明显的功利主义色彩,主要包括忧患救世、兼爱、贵义等人格思想。它强调人们在社会中要互惠互利、互相帮助、义利并重。这一理想人格主要通过身体力行,实践救世的方式得以实现。它否定命由天定之说,人们在实践中要充分发挥自己的能动性,可以从命运的束缚中解脱出来。人格修养的不断提升和理想人格的到达,可以在利国利民的实践活动中得以实现。

以"能法之士诚意""英雄"为理想人格的法家人格。以韩非为代表的法家提出了以"英雄"为理想人格的人格修养追求。这一人格修养具有务实的特点,是一种理想型的政治性人格,重视法、术、势。它是法家在对社会现实深刻洞察以后提出的,对社会现实和人生世相有着深刻的认识。这一理想人格的实现主要通过"贵法""重势"等方式。它鼓舞人们建功立业,在治世中崇拜英雄,在乱世中呼唤英雄,是一种强烈的英雄崇拜。这种理想人格体现出了改革、务实、创新等特点,有很多优秀的思想仍然符合现代社会标准的法理观念,对当代大学生的人格修养仍有重要的借鉴意义。

中华优秀传统文化为大学生的人格修养和人生目标的设定提供了丰富和宝贵的文化资源。为大学生的理想信念教育和完美人格的培养提供了有力支撑,也为大学生更好地理解中国特色社会主义,坚定共产主义信仰做出了有益补充。加强大学生的中华优秀传统文化教育,对大学生科学的世界观、人生观和价值观的树立具有重要意义;有利于提高民族自信心与自尊心,激发大学生的爱国热忱,使大学生的思想道德境界进一步提升。中华民族优秀传统文化的传承应立足大学生实际,有利于大学生健康成长和成才的优秀文化,才能真正体现文化育人的作用,才能使高等教育工作得以真正落实,才能体现文化传承的真正意义。

## 第五节 高校传统文化教育遵循的基本原则

### 一、坚持正确的思想导向,与现代养成教育相适应

中华民族是古老民族的中流砥柱,在历史的漫漫长河中,她作为世界文明的发源地之一有许许多多优秀的文化让世人景仰膜拜,在中华民族数千载历史岁月里。关中地区的文化历史地位自始至终都处于民族发展的重要位置,上自盘古开天,今至国家发展,中国的身躯里没法不流淌着关中地区的血液。现代教育体制是西方的学制教育和科技革命相结合的产物,它本身就有一定的局限性,在外国的教育精神中重视的是实用性的技术,西方广泛的文化融合使他们具有了文化的不可选择性,他们继承文化的方式是吸取其他文化集合文化,这些文化往往没有严格的精神保证,中国的传统文化已经深融到中华民族子孙后代的血液里了,这在根本上是不同的。在西方的教育思想中,并没有特别强调应该如何独立自主地保有文化精神,而恰恰是这种独立的文化精神使得一个民族真正地独立起来。西方的教育方式是符合他们文化的教育的,而我们的教育如果一味地追随他们必然导致丧失自我。中华文明延续几千年一定有其可以延续继承的办法,这些办法有一些是通过过去古老的科举考试或者像私塾一样的教育方式继承下来的,但是我们必须清楚,这些方法并不是我们文化得以延续的真正办法,而真正的办法就在于我们每个中国人一举一动之中,这是很聪明的办法。而现在的教育中恰恰缺少了这种方法。

在现代的教育活动中,我们许多人经常犯这样一个错误,即在潜意识中一直以为教育就是继承知识,改革生活。其实教育并不只是传输,更不是作为生活中唯一的工具,也就是说教育的理解应该更多地处于精神和思想上,在现实中的一些东西

追根溯源其实质还是教育而不是简单的活动,教育是人必须拥有的一些生存本领,而且深刻地反应在思想上。现代教育,尤其是我们国家在实行现行体制教育以来,经常被人们质疑,而最为严重的就是我们的教育会随着社会的影响变得急功近利,这样一来真正包含人类文明和血脉的一些东西就被大家忘记了。

中华优秀传统文化所表现出的行为规范、思维方式、价值体系,不仅具有历史性和遗传性的特点,而且还具有现实性和变异性。它在历史中不断地发展、沉淀和传播的同时,又在以特有的方式加以继承和发扬。在当今社会中,中华优秀传统文化的继承和创新,最为直接有效的方式就是养成教育。纵观历史我们可以看到,特定社会阶段的思想政治理论、具体内容和人们的思想政治素质,已经完全融入社会文化当中,伴随着历史的前进的脚步,他们也成了传统文化的一部分,也就是说养成教育发展丰富了社会文化,提升了社会文化的层次,从而推动了传统文化的发展。中华优秀传统文化的教育要融入养成教育的过程中去,在传播的过程中相互促进,共同发展。

**二、坚持传承中创新,与时代精神教育和革命传统教育相结合**

一个民族的文化想要经久不衰必须要不断地传承和创新。在改革开放和社会主义现代化建设的新形势下,对大学生进行中华优秀传统文化教育要与时俱进,推陈出新,立足于社会主义现代化教育,同时还要继承优良传统,吸收精华,将中华优秀传统文化发扬光大。

中华优秀传统文化凝聚着中华民族自强不息、历久弥新的精神品质,是全民族弥足珍贵的精神宝藏,以和为贵、天人合一、自强不息、厚德载物等精神都是我们民族宝贵的精神财富。对大学生进行中华优秀传统文化教育,要坚定不移地传承这些宝贵的思想,如《孟子》中提出的"富贵不能淫,贫贱不能移,威武不能屈"的自信自立的独立人格及"乐以天下,忧以天下"的忧患意识,《论语》中提出的"天下为公""四海之内皆兄弟也"的天下大同精神及"吾日三省吾身"的严于律己、修养不止的精神等。与时俱进是马克思主义的理论要求,不断地与时俱进、开拓创新是民族进步的灵魂,是国家兴旺发达的不竭动力。优良传统教育需要符合时代精神的要求,坚持以发展的眼光进行优秀传统文化教育。不断地发展进步是时代的不变特质,这要求我们在看到传统文化中优秀思想内核的同时,也要看到传统文化与当今时代的时空距离。中华优秀传统文化想在当今社会不断地传承下去,需要不断地创新发展,使中华优秀传统文化贴近当代大学生的日常。只有坚持与时俱进,才能更好地处理传统与现代、继承和发展的关系,才能使中华优秀传统文化实现形式和内容的创新与转换，不断焕发出新的光彩，才能让大学生真正地愿意去接受、去学习、去运用中华优秀传统文化。

### 三、坚持中华优秀传统文化显性教育与隐性教育相结合

教育有隐性教育与显性教育两种不同的外在形式。隐性教育与显性教育虽然是两种不同的教育方式，有着不同的作用方式和效果，但在相同教育目标的统一下，两者也有着内在的联系与统一。他们之间存在相互补充、相互促进、相互融合、相互转化的关系。

第一，相互补充，德育内容：受授予内化的统一。显性教育与隐教育从教育方式上不存在主从关系，而是服务于相同教育目标，有功能、途径、标的区分的相互取长补短教育方式。现实德育中，显性教育虽然面临许多困境，但其因有系统性、规范性等特点，其仍处于主要德育方式的地位。而必须按时按量完成课时的显性教育，于教育对象而言就是德育内容的受授。隐性教育因其独特的育人方式，在新时期受到了更高的关注，地位有所加强，大有取代显性教育之势，但隐性教育毕竟有其效果的不可测性、教育方式的不可操作性，因而只有在显性教育的配合下，才能达到较好的教育效果。在隐性教育中，教育对象身临其境的感悟与体验则是对德育内容的强化与提升的过程。如果说显性教育是知识传授教育的话，那么隐性教育则是知识内化、品德形成与巩固的教育。

第二，相互促进，德育方式作用与反作用的统一。显性教育与隐性教育在认知和非认知领域之间存在相互配合的关系。显性教育形成的理性认知能对隐性教育的情感、意志、无意识等的形成过程具有主导和强化的作用，而非认知心理的积累又能促使教育对象主动参与显性教育的认知理解，从而达到一种良性的互动。在新时期，显性教育与隐性教育的这种促进作用于高校教育具有很大的意义。无意识的情感、意志如果没有显性的提醒和强化将只停留于心灵的最底层，而理性的认知如果没有得到自身的实践或者感受，很难在心理上得到认同，也就是内容只作为一种知识，而没有被内化为潜意识的思想理念，从而外化为具体的行为。

第三，相互融合，德育载体传达与彰显的统一。显性教育与隐性教育在信息传达和彰显的载体方面存在共存。显性教育与隐性教育虽有各自的特点、作用载体、作用方式，但在多数教育载体中往往是内容传达与彰显的融合，是形式的并存。如课堂主要是显性教育的载体，但课堂的设置和教育者的行为则可以是隐性因素；而学生生活或工作区设置的艺术建筑物是隐性教育载体，一般也承载着显性教育的文字内容等信息。因此，特征显性与隐性的明显与否在一定程度上成了区分显性

教育与隐性教育的手段。在新时期德育的方法创新研究中,这种载体的共存性成了显性教育与隐性教育相结合探索的依据和着力点之一。

第四,相互转化,德育过程目标与思想的统一。在显性教育与隐性教育过程中,存在思想内容相互转化的情形。所谓思想相互转化就是指显性教育内容与隐性教育的思想有相向发展的要求。显性教育的内容要求——也就是显性教育的目标必然成为隐性教育所传达思想品质的指导。很显然,隐性教育与显性教育只是教育方式不同而已,其教育的思想内容和目标要求都来自显性教育的具体规定。而隐性教育所倡导的平等互动、教育环境人文化等情况下表现出来的创新观念、思想趋势也是完善显性教育目标内容的重要活力因素,是显性教育目标内容发展的重要借鉴,这也是对高校德育教育功能的重大完善。

中华优秀传统文化的显性教育可以结合我国教育体制的优势,利用各种公开手段和场所,有计划、有组织、有评估反馈机制,系统地实施。在实施过程中可以通过一种自上而下的具有规范性计划性的方法进行中华优秀传统文化教育,在课程课时的设置,教学大纲上面可以有国家教育部门统一制定的要求。

中华优秀传统文化的隐性教育可以渗透到大学生的日常生活学习过程中,通过潜移默化的方式对大学生的道德、思想、价值、情感进行影响。这样就可以在宏观思想的主导下,再加上无计划、非正式、间接内隐的学校各种活动和文化,使大学生不知不觉地学到中华优秀传统文化的知识,受到中华优秀传统文化思想精神的影响。

传统文化的隐性教育与显性教育之间存在相互补充、相互促进、相互融合的关系,有着内在的统一性。高校课程教学要充分发挥各类中华优秀传统文化课程的合力,形成以中华优秀传统文化理论课为基础,各专业课程相互配合的全方位的教育体系。针对当代大学生的实际状况选用各种学习渠道,如校园活动、网络、媒体等,对大学生进行有益的引导和教育。在这一过程中充分发挥隐性教育与显性教育各自的优点,形成两者互补互助的方法体系显得尤为重要。

**四、坚持弘扬中华优秀传统文化和借鉴国外优秀文化成果相结合**

加强中华优秀传统文化教育,不仅要继续弘扬民族传统文化中的优秀成果,而且还要借鉴外来文化,吸收养分,创新传统文化。中华优秀传统文化的发展,吸收了世界其他国家的优秀文化成果。古人云:"和而不同,有容乃大。"中华文明博大精深,经历史的沉淀,铸就了民族文化的宽广胸怀,对其他外来文明,它不但没有排斥,反而进一步吸收并不断充实和壮大自己的文化。这一点充分证明了中华文化的包容与开放。一个敢勇于对外开放的民族才是有前途的民族,一种对外来文化有包容态度的文化才是富有强大生命力的文化。

在21世纪的今天,全球化趋势已成为一种潮流,文化更要有宽广胸襟、海纳百川的品质。在全球化和信息时代,各种文化和各地文化不断地碰撞和交流,激励着各民族不断地对自己的优秀传统文化进行创新和再造。再优秀的文化如果不接受新的内涵,在社会上也是难以富有朝气和活力。信息时代和全球化的特点决定了民族传统文化的发展必然是一个世界性的过程,一个国家要想真正保持文化的独立性,就不得不让自己的文化融入世界大潮中去,在竞争中增强自己的文化实力。我们要在坚定不移地坚持中华优秀传统文化的基础上,积极汲取世界上其他国家的优秀文化成果,真正做到"古为今用,洋为中用"。西方国家的文明成果在本质上也是世界文明的一部分,是人类共有的财富,我们应正确对待西方文化,在经济全球化浪潮下和各民族交往不断加深的趋势下,以全球视野和战略眼光,站在全球高度,反对"全盘西化",创造性地汲取其他民族的优秀文化成果转化为自身的营养,增强我国传统文化的时代性和适应性。

中国传统文化的核心就是儒家思想为主,通过融汇吸收各家思想和外来文化而形成体现中华民族主体意识的思想体系,以我为主,为我所用。一方面,我们要站在世界的角度看中国,实现对中国传统文化的超越。把中国置于经济全球化的背景下,重新审视中国传统文化,不会故步自封,辩证地分析其优越性和局限性。另一方面,立足于中国的国情看世界,实现对外来文化的借鉴和融合,主动参与世界文明进程。实现对外来文化的借鉴融合,就是从中国的基本国情出发,对外来的东西做出符合中国特点的选择。所以,我们对待传统文化和外来文化应该做到以下几点:

第一,继承与革新:弘扬本民族的优秀传统文化。传统文化是中华民族在中国古代社会形成和发展起来的比较稳定的文化形态,是中华民族智慧的结晶。对传统文化:(1)既不能彻底否定,也不能全面复兴,不能割断历史,而要尊重历史、尊重民族文化传统。(2)一定要有所选择,不能让封建腐朽的东西在社会上流行,也不能让优秀的文化传统丢掉。要将传统中的优秀成果为新的时代所用,解决好古为今用的问题。(3)不能局限于传统的东西,一定要有所创新,有所发展,有所突破。(4)前瞻未来,把传统、现在与未来连接起来,在超越传统的基础上,面向世界与未来。发展社会主义文化,要结合时代精神创造性地吸收包括中国传统文化在内的一切文明成果。中华民族的优秀文化传统,党和人民从五四运动以来形成的革命传统文化,我们都要积极继承和发扬。

第二,借鉴与创造:传统文化与外来文化的沟通。我们中华民族不仅以自己的智慧和才能创造了灿烂的传统文化,对世界文化的发展做出了巨大的贡献,同时在自己的文化活动中也是最善于批判地汲取和借鉴一切外来文化的有益部分。(1)将传统文化放在与外来文化平等的地位,对外来文化全盘接受的态度其实是一种将外来文化凌驾于自身文化的不平等的状态。这种现象是由于对外来文化发展过程的理解的片面性造成的盲目崇拜而形成的,是无知和不切实际造成的对人的压抑和束缚。(2)善于分析面对外来文化时,我们一定要坚持自己特有的价值观和民族自信心,在吸收的过程中,运用我们的智慧有分辨力地吸收和融入。急于融入和吸收势必会牺牲自己的文化。所以保持自己的文化特色很重要。其实,任何一个国家的文化都没有优劣之分,只要这种文化适合这个国家的发展和进步就要发扬和支持。(3)实现对外来进步文化的借鉴融合,主动参与世界文明进程文化是人类的共同财富,世界各民族文化是在相互借鉴、相偿中得到发展和提高的,这是文化发展的规律。实现对外来进步文化的借鉴融合,就是从中国的基本国情出发,对外来的东西做出符合中国特点的选择。(4)清醒地认识对外来文化,特别是西方文化。首先要有清醒的认识,不能拿来就用不考虑长远的后果,要提防某些别有用心的势力利用所谓先进文化或时尚流行文化来实现对我们的"和平演变"。西方的所谓"性开放"在中国的迅速普及并演变得有中国特色已是不争的事实,压抑了多年的中国人性泛滥的程度令其创始者也望尘莫及。

第三,在强势文化与弱势文化的交融中促进人类文化的转型。文化转型就是文化"更新"或者说"复兴",是文化交融的必然产物。它不仅是一个外来文化和传统文化的交融,而更多地表现为强势文化和弱势文化或示微文化的交融。文化的转型只是原有文化的更新进化,而不是产生一种完全独立的不同于原有文化的全新文化。文化转型不是简单的文化代替和无差别统一。文化的转型是一种内在创造性的转化。就是说,特定的民族或社会文化对自身产生怀疑和批判,并相应地采取应变的措施,从而完成内在的创造和向强势的转化。人类历史进程中,往往那些率先进入新的文明时代的民族和社会其文化的转型会采取自我否定和创新的方式。

正是由于世界文化交融过程中各种文化要素的取舍、组合及各种矛盾的运动和调适,人类丰富多彩的文化才更具生命力,才能流传到今天。韩国"江陵端午祭"的成功申遗其实是我们可以借鉴的"他山之石",它不仅有传统内容,还融入了不少现代因素。作为无形的文化遗产,"口头与非物质遗产"需要年轻人的参与和继承。但是,我国不少传统文化都存在着香火中断、继承人匮乏的威胁。而整个社会中,年轻人对传统文化知之甚少。我们要想给无形的文化遗产注入生命力,就要学习"江陵端午祭"的一些做法,吸引年轻人,"薪火相传",这样的传统和文化才是有生命力的。正如《联合国教科文组织发展纲领》中所述:"记忆对创造力来说是极端重要的,对个人和各民族都极为重要。各民族在他们的遗产中发现了自然和文化的遗产,有形和无形的遗产,这是找到他们自身和灵感源泉的钥匙……"只有及时挖掘和保护无形的文化传统,才能使我们在面向未来的时候,拥有数千年不辍的创造力和根植于黄土地的文化表达与幸福方式,才能在全球化的时代,保持个体与民族的清晰身份。文明的多样性体现了人类的创造力和创造精神,是人类共同的宝贵财富。各种民族文化都是人类智慧的结晶,各有其特色和优势,各民族人民都曾经为人类文明的进步做出过贡献。文明的多样性使世界充满活力和不断进步。所以,我国的文化发展,不能离开人类文明的共同成果。要坚持以我为主,为我所用的原则,开展多种形式的对外文化交流,博采各国文化之所长,特别要善于吸收发达国家中那些为现代社会所需要的适合我国国情的文明成果,同时向世界展示中国文化建设的成就,坚决抵制各种腐朽思想文化的侵蚀。作为一个21世纪的大学生,我们不应该仅仅沉湎于祖先辉煌的过去,还应该积极地应对已经到来和将要到来的机遇与挑战。以洋节为代表的外来文化已经如潮水般涌来,我们作为比较有觉悟、有社会责任感的群体,在发扬优秀传统文化的同时,也应该保持一双慧眼,去发掘、吸取外来文化中闪光的精华部分,洋为中用。如果要富有全球影响力,那就必然要正视汉文化以外的文化和文明,这是不可能回避的。所以,我们有必要用积极的心态去尝试去应对洋节等外来文化的冲击和挑战,真正做到优秀传统文化、外来文化以我为主为我所用。

因此,在对大学生进行中华优秀传统文化教育时,既要站在我国基本国情的角度上,充分考虑本民族的风俗习惯,又要积极地吸收和借鉴其他民族优秀的文化和思想,既要继承和传承中华优秀传统文化,又要积极吸纳其他优秀文化的精华。在世界文化的大潮下立足国情,不断发展、完善和更新民族传统文化,才能使传统文化保持本民族的独立性。

# 第六节 中华优秀传统文化对世界的影响

文化是属于全人类的共同财富,是众多的民族长久发展共同积攒和不断发展的结晶。中华传统文化同世界上其他国家民族的文化是一样的,都具有其自身的独特性,这是所有文化的共性。一个民族的文化之所以能够向外传播,取决于文化本身所具备的因素以及所需要的物质文化,只有不断进行流动,各个民族之间进行比较,互相吸引,才能发展下去。

## 一、中华传统文化的传播

中国不仅是世界上最大的国家之一,也是世界上历史最为悠久、文明开化最早的国家之一。"在中华民族的开化史上,有素称发达的农业和手工业,有很多伟大的发明家、科学家、思想家、军事家、政治家、文学家和艺术家,有丰富的文化典籍。"在人类文化发展史上,中华文明曾彪炳寰宇,震古烁今,辐射亚洲,远播世界,对文明的发展产生过巨大的影响。

中华传统文化数千年来延绵不绝,"在与外界文化进行物质、能量和资讯的交换中,不断从无序、混沌走向有序",它已经成为"人类文化总体中的一个特殊分支。它的价值是永恒的。它不可能为任何文化所代替,也不可能趋向或归并于任何一种文化"。自明清至近代,中华文化系统遇到危机而呈无序状态,引进近代西方文化的先进部分,是为了激发中华文化原系统的突变,使之进入新的有序状态。但全面否定传统,则会破坏中国文化系统原有的发展趋势和规律,将导致更大的混乱和危机。

传统儒家文化重视人的心性修养和社会价值,所以儒家以"格物、致知、诚意、正心、修身"为内圣,以"齐家、治国、平天下"为外王。重"仁",倡"礼",讲"等级秩序",反对严刑峻法,蔑视体力劳动,轻视科技工艺。中国古代的许多发明创造,都来自没有文化或文化程度较低的体力劳动者。技术、工艺也大多是师徒相承,口手相传。中西文化有着天然的互补性。在经济全球化、文化多元化深入发展的今天,我们应当坚持"国学为本,兼容他学"的宗旨,促进中华传统文化与世界其他民族优秀文化的交流、对话和融合,维护世界和平,推动人类进步。

事实上,从二十世纪六七十年代以来,韩国、日本、新加坡等认同中国传统儒家文化为其文化根源的国家,都没有摒弃传统,而是坚持创新发展。中国之所以被誉为礼仪之邦,就是因为优秀传统文化有效地规范了广大民众的言语行动。受中国传统文化重要影响的新加坡,将儒家文化融入国家、社会、家庭和个人生活中,提升了整个社会的精神文明程度。

中国传统文化既然带有现代化因素,是实现现代化的一个动力,那么中国文化实现现代化的基础便不是全面摒弃传统,而是有所扬弃,突破古代衍传下来的程式,光大符合现代化的因素,更重要的是将"和"的视野从系统内部延伸至世界文化这个大系统中。21世纪是世界文化重新构建新体系的时代,中国传统文化必将在各国各民族各层次文化的重新认知、相互磨合和重组中再度焕发出新的活力。

在世界多极化、经济全球化继续发展的今天,东西方各种思想文化相互激荡。在这种态势下,我们应当注意保持并努力发展中国文化的民族性,尊重中华民族的传统文化,有效利用这个重要资源。目前,一些人认为全球化就是一体化,民族文化将不复存在,民族精神将逐渐消解。这种说法要么是缺乏常识和情绪化,要么是别有用心。因此,建设中国特色社会主义先进文化应当正确对待传统文化,坚持中华文化的民族性,发扬"中国风格""中国气派"和"中国特色",加强文化安全,防范一切西化、分化图谋。与此同时,也应当坚决反对狭隘的民族主义、文化割据主义和保守主义,积极参与全球化的进程,增强民族文化的世界性及其影响。

当然,弘扬优秀传统文化,不应妄自尊大和盲目排外,而应把弘扬优秀传统文化与学习世界先进文化结合起来,把继承与创新结合起来,这样才能使优秀传统文化在新时代新环境里生生不息,才能真正实现中华民族的伟大复兴。

### 二、中华传统文化对亚洲的影响

作为四大文明古国之一的中国,其灿烂文化一形成便与邻邦有了友好交流,由近及远,并辐射到其他国家。早在秦、汉以前,中国就和朝鲜、日本、越南、中亚等地有过商品交换和文化交流。汉朝以后,又与西亚、欧洲、非洲等地发生了经济和文化交流。在整个中国古代,中华文化一直是启动亚洲文明演化发展的文明之源。

(一)中华传统文化对朝鲜的影响

朝鲜是中国近邻,接受中国文化也最早。"朝鲜"一词最早见于《管子·揆度》,它提到"朝鲜之文皮",这里的"文皮"指带花纹的虎豹之皮,是古代朝鲜的名贵特产。可知早在管子的时代,中国人就对朝鲜有所了解了。据《战国策》《山海经》《史记》等书记载,中朝之间的物质、文化交流的时间可能要更早些。秦、汉以来,中国的文物制度、学术思想开始传入朝鲜。

明永隆元年,高句丽和百济被新罗打败,朝鲜半岛统一。在此之际,许多新罗留学生和政府学院纷纷来中国学习,他们回国后依旧按照中国的文物制度,实行全面的社会改革。因此,新罗的文物制度深受中国文治教化的影响。

到朝鲜中世的"高丽"王朝时期,其文物制度几乎全部参照中国,此时程朱理学开始在朝鲜传播。李朝时代是朝鲜近世历史中文化昌明时期,其宗儒之风尤盛。此时程朱理学受到普遍的尊敬,出现了许多著作丰富的硕学名儒。

总之,在中华传统文化的影响下,朝鲜半岛的古代文明多有中华传统文化的色彩。无论是文物制度、学术思想,还是器用文化、文字风俗,均受到中国的强烈影响。当然,文化的传播是相互的,中国也从朝鲜学到不少东西,如朝鲜的歌舞,早在南北朝时即传入中土。

(二) 中华传统文化对日本的影响

中国文化对日本的传播也比较早,而且影响深远。日本在中国史书《汉书·地理志》中最早提到,其中记载:"乐浪海中有倭人,分为百余国,以岁时来献见云。"在日本本土,关于中日交往的史料却极为罕见,直到江户时代,日本史家才注意从中国史书关于倭人的记载中寻找"史"的根据。可见,中国与日本早已经是有所交往。中国的文字、历史、文学、艺术、宗教、工艺、美术以及哲学等,都传入了日本。

中国对于日本影响最为深远、传播最为广泛的因素有四个。

一是文字。日本文字起源于中国。日本文字是由中国汉字经过衍化或者改变,形似于汉字的一种文字。日本史书《日本书记》《续日本记》《日本后记》《续日本后记》等一系列的书籍,都是用汉字书写的,可见汉字对于日本文字发展的影响。

二是史学。作为日本最大的史书《大日本史》,在体制和治史精神上仿效中国的史书。不仅纪传、志表、编年、纪事本末等体裁承袭中国史学,而且史鉴上的正统观念、君臣名分观念、尊王抑霸观念等,也都深受《春秋》以来儒家鉴戒垂训的史学传统影响。

三是佛教。佛教起源于印度,魏、晋,至隋、唐畅于中土,一直在中土传播,佛教作为中国文化的一部分传入日本。由于受佛教的深刻影响,佛教在日本文化有很大的改变。在唐朝时期,修律宗的鉴真远渡日本,很多开明僧人也都去日本传法,将中国的文化、医学、文学、工艺等传向日本,做出了巨大的贡献,深受日本人民和广大佛教的尊敬。

四是儒学。儒学传入日本很早。早在唐、宋、元、明时期儒学就大规模地移植至日本。日本的士大夫对于《易经》《尚书》《左传》等潜心研究对日本的文化心理和民族精神产生了深刻影响。

总之,中国文化曾泽及日本。隋、唐文化的传入使日本出现了"大化改新",宋明理学间接成为明治维新、尊王倒幕的精神动力来源。

(三)中华传统文化对东南亚国家的影响

物质文化传播往往成为精神文化传播的先导。越南、柬埔寨、泰国、马来西亚、缅甸、菲律宾、印度尼西亚、文莱、斯里兰卡、新加坡等多个东南亚国家,与中国在历史上就建立了很好的贸易往来关系。从中国带去的大量的瓷器、青铜器、丝织品等都给东南亚国家的劳动生产带来了很大的发展和影响。如越南、柬埔寨、泰国的制度礼俗,马来西亚的桑蚕养殖,菲律宾的饮食文化,文莱人的服饰艺术,都深受中国文化的影响。新加坡是一个独立较晚的国家,当今现代化程度已很高,但其国民的生活习惯、道德礼俗几乎与中国完全一致,至今仍把儒家伦理作为国民教育的一个重要组成部分。

中华传统文化对东南亚的影响,与中国古代航海事业的发展是分不开的。从魏晋南北朝到唐、宋至明朝,中国的航海事业逐渐发达,最后达到高峰。郑和七次下西洋,历经三十多个国家,最远到达非洲东海岸、红海。中国门户开放,促进了我国与其他各国的友好往来和经济文化交流,而且由于海路交通便利,促使我国东南沿海地区的人民向海外流动,对中华文化向东南亚地区的传播发挥了重要的作用。

### 三、中华传统文化对西方的影响

早在汉代以前,中国的器用物质文化便以商品的形式,由中亚、西亚传入欧洲。而中国与西方交通的正式打开,则是西汉张骞出使西域之后。《史记·大宛列传》记载:"在大月氏西可数千里……北有奄蔡、黎轩。""黎轩"即"历山",是亚历山大城的简称,泛指罗马人的所在,以后的中国文献中又称罗马为"大秦"。此时罗马帝国继承了希腊的地位,一度发展到中亚,罗马史学家曾记录公元前27年,"丝国"曾遣使者朝贺奥古斯都承继帝位。东汉和帝永元九年任西域都护的班超,亦曾遣甘英出使大秦,虽经波斯人阻挠而未能直接与罗马人见面,但中国与罗马的贸易及文化往来却一直未断。魏晋南北朝时期,中国出现了割据分裂的混乱,在此时的欧洲,罗马帝国的奴隶制也出现了崩溃,导致中西各国之间的交往减少。隋唐宋明时期,中国又再度统一,国力不断发展强大,经济也不断繁荣起来,在此基础上,不但陆路上的交通得到恢复,而且海上的交通也日益发达,中国与欧洲之间的贸易交往再次频繁起来。中国对西方的影响不仅体现在器具技术方面,还体现在文化艺术与学术思想方面。

(一)器用技术对西方的影响

从公元522年起,东罗马派人来中国学习养蚕术,中国的丝绸生产技术开始传入欧洲,而中国的瓷器作为商品输出传入欧洲则是在明代。这就说明了在古代的中国主要是通过这两种商品向西方输出的。

四大发明是中国对人类文明的巨大贡献。造纸术是最古老的发明,约在唐朝中期传入西亚和中亚的伊斯兰教国家,再传入欧洲。纸在欧洲的出现和大量的应用,结束了欧洲落后的羊皮卷时代,不仅增强了文化信息的存储能力,还加速了传播的过程。印刷术是中国古代又一项古老的发明。毕昇发明的活字印刷术是人类印刷史上一次空前的革命,印刷术传入欧洲,在文化上加速了欧洲的历史进程,成为促进文艺复兴的一把利剑。

中国的火药于13世纪末14世纪初由阿拉伯人传入欧洲。火药被欧洲应用在军事领域,成为统治者的有力武器。早在战国时期,中国人已经发现了磁石吸铁和指示南北的现象,制成了世界上第一个指南针——司南,在宋代则被应用于航海,大约在1180年,指南针传入欧洲。

总之,四大发明对世界文化发展史的贡献是世界所公认的,中国古代科技起到了开启西方近代文明先河的作用。

(二)文学艺术对西方的影响

中国的各种丝织品、锦绣、陶瓷、漆器等日常品、工艺品传入欧洲,使欧洲人从中不光得到实用价值,更多的是观赏价值。在很长的一段时间内,中国的美术、绘画、丝绸、瓷器等对于欧洲人来说都是具有观赏价值而存在的。

早在18世纪初期,在欧洲刮起了中国园林风,荷兰、瑞士、意大利、西班牙、法国等相继出现了中国样式的园林。这说明中国的园林艺术对于欧洲有重大的影响。园林中国风体现了中华文化的精神,每一个艺术的创造都包含了自然美,梦幻多姿的结构特点,完美的布局,中国的园林艺术就是一幅幅优美、含蓄的立体风景画。中国园林之所以引起欧洲人的浓厚兴趣和强烈好奇心,就在于中国园林艺术在欧洲的传播,对欧洲人的建筑艺术和生活情调产生了一定的影响。

此外,自17世纪初,中国的小说、诗歌、戏剧在欧洲也有一定的传播。法国、英国的剧作家曾将中国的小说、戏剧等改写成法文搬上舞台,借以宣扬中国的道德精神,并认为中国戏剧具有劝善的价值,完全可与希腊戏剧史诗相媲美。

(三)学术思想对西方的影响

西方传教士把中国的学术思想带回西方。中国的学术著作从16—18世纪开始,尤其是儒家经典大都被译为拉丁文和法文传入欧洲。与此同时,欧洲出现了注解和研究儒家经典的学术著作。

18世纪是欧洲启蒙运动兴起的时代,这一时期欧洲不少重要思想家,如伏尔泰、孟德斯鸠、卢梭、霍尔巴赫、狄德罗都曾对中国文化与中国哲学产生兴趣,都不同程度地受到中国学术思想的影响。

法国重农主义经济学家魁奈,一生热爱中国文化,认为世界上只有中国是按照自然律为基础而达到高度道德理性化的国家,他甚至把中国社会的自然秩序、开明的君主政治、儒家的道德理想当作欧洲社会文化的理想目标,固有"欧洲孔子"之称。中国哲学对于德国近代哲学也有广泛的影响。17世纪末至18世纪初,德国哲学是莱布尼兹的时代,他面对当时的欧洲文明中心论为中国文化辩护。

此后,康德的道德实践哲学和费尔巴哈以人为本主义为根基的"爱"的宗教,都与中国儒家道德人本主义在逻辑上相吻合。只是到了黑格尔那里,中国哲学和中国文化受到了近乎粗野的否定。这表明欧洲文化经过启蒙运动的洗礼,在精神上完全踏上了近代历程。此时中国文化和学术思想在对西方做出巨大贡献后,渐渐被西方人所遗忘,并受到了严峻挑战。

**四、理性地看待中华文化的世界影响**

(一)中华传统文化的世界性意义

从世界历史的范围来考察,中华传统文化作为世界文明共同进步与发展的关键,具有悠久的历史和灿烂辉煌的积淀。中国的传统文化对于中国的发展与世界的发展都是具有积极作用的,对世界的进步做出了贡献。中华传统文化遗产中蕴含着巨大的魅力与强大的力量,它包括儒学世界观中的人道主义思想、道教顺其自然的道德观等。

从全世界的角度来看,不管是经济发达的西方国家,还是正在不断崛起的中国,人们生活的社会不断地趋于物质化,人们追求功利化,精神需求上得不到满足已经成为一个普遍的问题。人们对物质的追求,导致人们精神财富的缺失,滋长出极为可怕的冷漠感,对事物的发展都满不在乎的无意义感。要走出这种不幸和悲哀的困境,首先就必须摆脱物的羁绊。中国文化建设落后于经济建设,从这个意义上说,以注重心性长于伦理为自己基本特征的中华传统文化,无疑能为现代人走出自我心性的迷失提供多方面的理性启迪。有着几千年历史的中华传统文化在完成由古代向现代的转型过程中,必将以其特有的思想精华,继续启迪人类文明与文化创造。

(二)中华传统文化要立足国情、放眼世界

一个民族的文化发展,离不开整个世界文化的发展。从全球意识的角度看,当今世界已进入高科技的信息时代，各地区、各民族的相互联系日益密切，任何一个民族都不可能在闭关自守的境地中关起门来搞现代化。合理的态度应该是立足国情，面向世界，只有这样，才能走出一条具有民族特色的赶超世界先进文明的现代化之路。中华文化的现代化尤其应当如此。这是因为我国的生产力和综合国力还比较落后，必须借鉴和利用全部人类文明的成果来弥补自己的不足。

时至今日，世界文化的统一性与民族文化的多样性不再是对立的两极，相反，两者的对立统一、相辅相成，已成为人类未来文化发展的基本色彩。每一个民族都以其在各自的生存条件下所形成的特殊智慧，为世界文化宝库贡献出一份别具特色的文化杰作。但是，多样性是统一世界中的多样性，即现代化文化的多样性，中华文化只有取人之长，把自己的文化性格提高到当代世界先进水平，才能使自己的民族精神得以复兴。

让中华文化走向世界，是每一个炎黄子孙对中华传统文化传承的历史责任，也是21世纪的中华民族对世界文化发展的历史责任。回顾中华文化从辉煌到危机的历史，我们必须反省自勉，勇敢担负起弘扬传统文化、振兴民族精神的重担。随着21世纪亚太地区经济文化在世界的崛起，中华传统文化必将以崭新的风姿为人类做出新的贡献。

# 第二章　大学生素质教育现状

大学生是国家与社会发展建设过程中的一股主要力量,全方面、有计划地实施素质教育,对培养大学生的创新与实践能力都会起到不可估量的作用,从而进一步提高大学生的综合素质。

自从素质教育开始实施以来,获得的成果极为显著,与此同时也存在着各种各样不可避免的问题。本章对当代大学生的素质教育现状进行了详细的分析,与此同时指出了在此过程中存在的一些问题,并针对问题提出了一些相应的解决办法。

## 第一节　素质与素质结构

从词义上来说,事物自身所具备的某种性质或品质,被称作素质。关于素质,心理学中又具体地定义了相对来说比较严格的概念,具体指代人的先天生理解剖特征,包括脑和神经系统结构、机能特性、感觉器官和运动器官的机能特性等。

### 一、素质的概念

通常来说,这种素质主要取决于遗传,同时也包括胎儿在母体内受一定环境的影响所形成的某些非遗传性的特征。

随着不断的研究与结合,素质概念的内涵和外延也都有了突破性的充实。从外延看,素质概念不只限用于个体上,还可以广泛地应用在群体上。例如,我们可以说公民素质、职工素质等,甚至还可以将其扩大范围化,延伸到组织上,如企业素质等。关于内涵方面,教育上所说的素质主要指个体经过一定程度的学习获得的相对应的心理发展水平和品质。这里讲的素质在一定意义上区别于生理素质,它是由后天的教育和社会环境的相关影响进而形成和发展的。

素质是通过知识进行了一定的内化和升华形成的最终结果,拥有足够的知识并不等于具备了一定的素质,知识只是素质在形成和提高的过程中起铺垫作用的基础。素质的养成和提高需要相应的知识做铺垫,否则便会缺少相应的必然性和目的性,但是,拥有丰富的知识的同时,也并不等于具有了较高的素质。

素质,相对而言属于一种比较稳定的心理品质,是知识在一定程度上经过相关的积淀、内化从而形成的结果,其中既包括理性的特征,又通过外在的形态体现出来。因此,素质影响人对待外界和自身的态度,有着较为持久的影响性。

当然,也不能因为素质相对稳定就说素质一旦形成就很难有大的改变,正如我们前面所言,对于素质来说,是可以进行相关的培养、造就和提高的,这就避免不了它又会受到来自外界的种种干扰和影响,从而发生相应的变化,可能是关于质的变化。从这一意义来看,素质是稳定性和可变性的统一结合。从高等教育的角度来看,素质应由思想道德素质、文化素质、业务素质和身体心理素质四个方面组成。

目前,我国素质教育中所使用的"素质"一词,具体内涵应当是:通过对人进行适当的教育和相关方面的影响进而获得的各种优良特征,主要包括学识特征、能力特征和品质特征。对学生而言,这方面也是显得极为重要的,未来从事社会工作、社会活动和社会生活时,这些特征的综合统一就集合在一起构成了最起码的基本素养或是基本条件。学识特征涵盖了基础知识、基本技能、基本思想和基本活动经验;能力特征主要是指发现与提出问题的能力,分析与解决问题的能力,能力的集中表现是智慧,智慧的基础是演绎思维与归纳思想两种思维方法的交融;品质特征主要是指道德修养、精神境界和个人品位。

素质的实质,就是个体内在的、相对稳定的身心组织结构系统及其品质。身心组织结构系统由身体结构系统和心理结构系统组成,而心理结构系统又包括认知结构系统、组图结构系统和修改结构系统。认知系统是在学习并消化知识、经验内化后形成的一种认识系统,包括信仰、信念、理想、世界观、人生观、价值观以及生态意识、生命意识、社会意识、自身意识、专业意识等。能力结构系统是在进行了相关方面的生活经验与操作技能内化后进一步形成的,又与认知系统紧密地联系在了一起。个性结构系统由情感、意志、性格、兴趣、爱好等组成。

这里所说的心理品质是广义的,既有认识和智力方面的,也有情感、意志、性格、兴趣等个性方面的;既有文化专业方面的,也有思想道德方面的;既有观念、理论方面的,也有实践、操作方面的等。例如,信仰、信念的正确性、坚定性、世界观、人生观、价值观的正确性、深刻性和坚定性,道德观念、道德规范的正确性等。从认知和智力方面来看,如观察的全面性、细致性和准确性,记忆的牢固性和准确性,思维的广阔性、深刻性、新颖性、灵活性和创造性,想象的丰富性、清晰性和创造性等。

从个性方面看,如兴趣的广泛性、专注性和持久性,情感的丰富性、强烈性和高尚性,意志性和耐受性,以及性格的坚强性、包容性和适应性等。所有这一切都是素质的具体方面。正因为如此,素质是一个非常庞杂的系统。

## 二、素质结构

人的素质是一个庞大而复杂的系统,其自身有着特定的结构和组成要素。只有对素质的结构有合理的认识和了解,才能进一步准确认识素质的本质。由于素质的复杂性,人们对于素质结构的分析也是从多个角度进行不同的相关分析,每一种新的科学分析都能使我们进一步加深对素质本质的认识,但每一种分析又都是从某一个侧面来认识素质的,因而就都有其一定的局限性,把各种分析综合起来,会使我们更全面、更系统地认识素质的本质。这里我们重点介绍六种分析方法。

(一)身体素质、心理素质和社会文化素质

素质教育课题组认为,人的素质"主要包括身体素质、心理素质和社会文化素质等",这也是目前比较通用的分类方法。

1. 身体素质

人的素质的物质基础是身体素质,其在发展的过程中需要一定的能量支撑和物质支撑,而身体素质都可以满足这些条件。

一般来说,身体素质由体形、体力、体质、体能四个方面构成。体形是身体外在的一种形态,其实和素质没有多大关系,但在体形塑造的过程中能够体现出一个人的素质,由于当代社会人们对体形的塑造极为关注,所以在这里也列为身体素质中的一项。体力表现为身体本身自带的力量,其衡量身体素质好坏的一个最重要的标志就是身体是否强健有力。体质相对而言表现为身体的各个部分、各种器官的质量和功能强弱,还表现为身体抵抗力的强弱。体能则表现为身体各组织器官的功能,特别是脑神经活动和各感觉器官的功能,这些功能将直接影响其他心理素质的质量。

2. 心理素质

这里讲的心理素质是相对于狭义而言的,是不包括社会文化素质的,主要是指心理活动的特性和品质,包括以下三方面。

第一个方面是心理倾向性,包括需求、动机、兴趣、爱好等,它会使人努力地从事某些感兴趣的活动,排斥抗拒另外一些不感兴趣的活动,努力地去获取某些感兴趣的信息,排斥抗拒另外一些不感兴趣的信息,从而使人的行为有一定程度上的倾向性和选择性。

另外,当某种信息恰好与个体的精神需求相符合时,激发了个体的某种心理联系能使个体产生一定程度上的震撼和启发,同时产生强烈的共鸣,从而深深地印在脑海里,印象深刻甚至终身不忘。许多人都会有这样的体验,小时候会因为经历的某件事或是听到的某句话,从而受到深深的启发而终生难忘。因此,我们就要针对个体进行相关程度的考察和研究,从而激发和解决个体心理上的矛盾,使个体产生强烈的共鸣,从而大大加快知识经验内化、升华的速度和质量,提高培养发展素质的效率。从个体自身来讲,要努力把一些重要问题放到头脑中思考,使自己总是处于一种问题状态、探求状态,这样就容易在外界信息的触发下得到更大的启发,甚至有豁然开朗之感,我们称这种现象为心理触发效应或共鸣效应。

第二个方面指心理品质,包括智力因素和非智力因素。智力因素有观察、记忆、思维等,这些品质都可以进行相关计划展开培养,而培养智力因素品质是发展智力的突破口。非智力因素品质包括情感、意志等,发展这些品质是提高心理素质的基本内容。

第三个方面是指心理方面以及承受挫折失败的能力,对精神刺激的耐受力,对心理伤害的康复能力等。

### 3. 社会文化素质

社会文化素质是个体与社会文化相互作用后形成的素质,是在身体素质、心理素质基础上发展形成的,处于个人素质发展的最高层次,在人的素质结构中占主导地位,标志着人的整体素质的性质、方向和水平,集中体现了人的本质。

## (二)思想道德素质、文化素质、专业素质、身体心理素质

从教育的角度出发,往往把人的素质概括为四个方面,即思想道德素质、文化素质、专业素质和身体心理素质。

### 1. 思想道德素质

思想道德素质是指一个人自身所具备的信仰、信念、理想追求,其核心是世界观、人生观、价值观。思想道德素质在整个素质结构中处于主导和统率的地位。

### 2. 文化素质

文化素质是指人的文化功底、修养、文化品位等,它在其他各方面素质发展的过程中起着基础作用。没有一定的文化基础作为铺垫,空谈思想道德素质也就达不到较高的境界,身体心理素质也会变得难以提升。

### 3. 专业素质

专业素质,是指从事某种专业工作所应具备的基本素养,任何人都是通过一定的专业工作来为社会做贡献。

4. 身体心理素质

身体心理素质是对于整体素质而言的物质和心理基础。这里把身体心理放在一起是把身体心理视为身心统一体,把身体健康理解为身心健康。健康指没有疾病之外,还要有良好的生理、心理状态和适应社会的能力,也就是说身体心理素质相对来说较好。

素质教育就是要通过相对应的教育培养使学生在这几个方面都形成相对稳定的身心结构和身心品质。以上这几个部分看似没有联系,但是严格来说都不能孤立存在,它们是相互作用、相互渗透并作为一个整体而存在和发展的。因此,在教育培养过程中,要处理好这几部分素质之间的相互关系,促进各部分素质和谐发展,形成有自我特色的、优化的素质结构。

(三)科学素质、人文素质、身体心理素质

从知识经济发展要求的角度出发,人的素质结构可分为三种:科学素质、人文素质、身体心理素质。

科学素质由掌握必要的科技知识、树立科学思想、掌握基本的科学方法组建而成,培养求真务实的科学精神,提高通过借助科学的手段处理实际问题的能力和创新能力。人文素质是指掌握必要的人文基础知识,树立正确的人文思想,掌握基本的人文方法,培养高深的人文精神。

科学素质,顾名思义,需要掌握必要的科技知识,树立科学思想、掌握基本的科学方法,培养求真务实的科学精神,提高处理实际生活中遇到问题的能力和创新能力,借助科学的手段。而人文素质是指掌握必要的人文基础知识,树立正确的人文思想,掌握基本的人文方法,培养高深的人文精神。

科学是立世之基,人文是为人之本。科学是研究、认识、掌握客观规律的学问,是要求人们根据客观规律相对应地办事,是求真。科学回答的问题是:是什么?为什么?所有违背科学的举措必遭失败,这是一种不以人的意志为转移的客观规律,科学是一切的基础,是立世之基。

人文,是人对自身、社会和世界的一个整体认识,是对人生目的、人生价值的认识和追求,是人的精神世界的需要。人文要解决的问题是:应该是什么?应该如何做?是求善、求美。人文具体体现为人具有较高的道德水准,正确的价值观,健康的审美意识,热爱生活、热爱祖国人民的情感,鲜明的个性特征和丰富的内在精神世界。因此,人文是为人之本。

要成功,必须符合一定的科学规律,但是符合了科学规律,却不一定能成功。因此,科学必须以人文为导向。例如,有人利用现代技术造假币、制造伪劣商品等就是反人文的。同样,符合人文也不一定成功,如果违反科学,可能事与愿违。科学与人文是相辅相成、不可或缺的关系。

在知识经济社会,其核心生产要素是知识。这种知识具有双重性,既是高度分化的,又是高度综合的。其反映到教育上,必然要求科技教育与人文教育相互协调和配合。

知识经济是世界一体化的经济和决策知识化的经济。信息网络技术的迅速发展给人们带来了大量的千变万化的信息,只有合理地利用科学知识与人文知识进行相互配合,才能形成明确地处理和运用信息的综合能力,发挥多学科的优势有效地解决复杂问题。因此,对于大学生的要求不再是单一化,而是采用多方向性的学习,要求学科技的大学生要学习一些相关的人文知识,而相对应地,学人文学科的大学生也要学一些涉及科技的有关知识。

知识经济是基于知识创新和技术创新的经济,要求大学生具有较强的创新能力。而培养创新能力,不但要求科学与人文做到很好的融合,同时科学思维与人文思维要做到合理协调与互补。对此,著名科学家钱学森有精辟论述,他说:"一个有创新能力的人不但要有科学知识,还要有文化艺术修养。艺术上的修养对科学工作很重要,它能够开拓科学创新思维。"爱因斯坦也说过:"物理给我知识,艺术给我想象力。知识是有限的,而艺术开拓的想象力是无限的,它可以概括世界的一切。没有想象力就不可能产生创造力。"

另外,科学方法与人文方法的相互协调配合,不管是对于人的实践能力、创业能力还是职业转换能力都有重大的促进作用,能够在一定程度上对相关的能力有所增强。科学方法主要是采取一些相关的逻辑分析、量化实验,而人文方法主要是通过自身的反思、体验以及感悟。科学有时候也需要直觉和灵感,而直觉、灵感很多来自人文和艺术之中。

只有把科学方法和人文方法进行相互的协调配合,才是获取成功的一个重要保证。钱学森说:"从人的思维方法来看,科学研究总是运用严密的逻辑思维,但科学工作往往是从一个猜想开始的,然后才是科学论证。也就是说科学创新的思想火花是从不同事物的大跨度联想激活开始的。而这正是艺术家的思维方法,即形象思维。接下来的工作是进行严密的数学推导计算和严谨的实验验证,这就是科学家的逻辑思维了。换言之,科学工作是源于形象思维,而终于逻辑思维,科学工作是先艺术而后科学的。"

总之,科学是立世之基,人文是为人之本。科学是一种认识体系,人文是一种伦理体系,科学主要讲客观世界即"天道",人文主要讲主观世界即"人道",科学承认客观,人文关注客观,坚持科学素质与人文素质的统一,可以实现符合规律性与符合目的性的统一,用正确的态度对待自然,对待社会,对待他人,对待自己,做一个高素质的、高尚的人。反之,如果科技与人文分离将会出现一些畸形人,只懂科技而灵魂苍白的空心人和不懂科技而奢谈人文的边缘人。

(四)关于素质的"四格"结构

有研究者认为学生的全面素质应由"四格"组成:即体格、心格、智格、行格。这里的"格"指代品质的含义。体格,即身体素质,由体形、体力、体质构成。心格,即精神素质,由个性心理品质(心理素质)和思想品质两个要素构成。智格,即智力素质,包括知识和技能两大方面。行格,即行为素质。这里提到的行,不仅指"品行"中"行"的内涵,而且还指人的日常生活中的一切实践活动,它包含了行为和仪态两个方面。其中"行为"涵盖行为习惯、行为规范、行为动力以及行为品质等,"仪态"包含了身仪、言仪以及行仪。

行为习惯可分为良好习惯、不良习惯和中性习惯;行为规范可分为有规范性行为、无规范性行为;行为动力可分为正向动力和负向动力;行为品质可分为优良品质、不良品质。身仪有别于作为有机体的"身体",除体形外,还包括发式、容颜、衣着、精神状态、年龄特征等的体表形象;行仪指举手投足所表现出来的一种气质状态和行为形象;言仪指由言谈的内容、语气语调、语速语量、语音语质等综合体现出来的语言形象。

体格、心格、智格、行格构成了一个人完整的形态,四格各自以自身独特的内涵而存在,又互相交融,不可分割。体是构成一个人的基础,"心"和"智"则是四格的核心,是人的主体内涵,"行"则是"体格"状况的表现和"心""智"水平的外化。

"四格"理念把个性心理素质与思想品质并重,把以"行为素质"为内容的"行格"看成主结构的重要版块。行格作为把体格、心格、智格三大基本素质的外化、发散和升华,在人的素质体系中有着重要的地位。任何品质的体格、心格、智格都必须通过行格来表现,没有行格,体、心、智就是无用的,行格需要被严格地培养。关于行格的分析是素质四格结构中最精彩的部分,值得我们学习借鉴。

以上内容就是针对当前学术界比较流行的关于素质结构的五种分类方法进行了详细的介绍。之所以重点介绍,是为了说明素质的结构很复杂,可以从多方面进行探讨。虽然这五种分类方法在本质上是一致的,但由于分析角度不同,就都有其突出的亮点,对我们很有启发,值得学习借鉴。由于人的素质是内隐的,不能直接进行认识和做相关的测量,只能通过素质的一些外显的表现来判断。从教育的角度看,也只有从这些外显的方面进行培养,才能有效地提高学生的素质。根据素质的外部表现来构建一个素质教育目标体系框架是必要的,这样可以进一步针对学生素质的目的性、针对性和自觉性进行提高培养。根据这样一个思路,笔者认为学生的素质是由六大系统构成的,即知识系统、观念系统、精神品质系统、能力系统、行为素质系统和身体素质系统。相应地也可以称为知识素质、观念素质、精神品质素质、能力素质、行为素质和身体素质。因为人的素质高低总是表现为掌握了比较系统的知识,并且在知识内化的基础上形成了一系列观念、理念、信念和意识,也表现为一定的能力、精神品质和行为规范等。因此,我们就从这六大方面来构建素质结构。

(五)六大子系统的素质结构

1. 知识系统

知识不等于素质,但是个体如果对知识有了一定的掌握那便是素质的表现。真正的掌握,就是了解了知识的相关实质、结构与体系,是素质形成和提高的基础。

实施素质教育,不但意味着要增加对知识的学习与掌握,同时还要学得更扎实、更深刻,对于掌握知识的质量要做到不断提高。这里的知识是就广义而论的,除了书本知识,还包括相应的实践知识和经验。钱学森曾说:"科学研究方法包括两个方面:一个方面是成本成章的系统的理论,也就是可以写清楚、讲清楚的学问,能由先生口授、学生听课或通过自习看书而获得的科学研究本领,这其中最根本的就是马克思主义哲学。这些书本知识是任何做科学研究的人必须学的。但只学了书本知识还不够,问题在于学了,把书背熟了,还要在研究实践中灵活运用,把书本上的知识变成活生生的方法和工具。这并不容易,这是科学研究方法的第二个方面。一位青年人要学这个本领,最好的办法是拜有科学成就的人作老师,从老师的研究实践中领会。这个方法也包括去参加一个活跃的学术讨论集体,大家讨论学问,畅所欲言,最后问题终于被弄清了。青年人就是在这样的实践中逐渐领悟到搞科研的真本领:如何抓问题的关键,如何认识死胡同(此路不通),如何从失败中总结教训,迅速走上大道,如何敏锐地发现有希望的苗头等。这方面的学问还没有形成一门科学,只能意会,不可言传。"钱先生的这一段话,对于科研方法的可编码知识和意会知识的区别做了一个很好的说明,同时也清晰地阐述了这两种知识的重要性,意会知识主要是通过自己切身去实践的过程中不断地进行探索、领悟和积累。

综上所述,素质系统中的第一个子系统——知识系统,包含四方面的知识,分别是:学科知识、意会知识、能力知识和信息知识。

(1)学科知识:既是整个知识领域的基础,又是人的全面素质的基础。知识类型主要包括关于是什么的事实知识和关于为什么的原理知识;知识范围包括自然科学知识、社会科学知识和人文学科知识。在学校安排的各门课程之中,这些知识的核心和精华大多一一体现了出来,这些知识是可以在尽可能多的方面和尽可能长的时间里发挥作用的。对于这些知识的学习和掌握,可以采用各种各样的教学活动来进行,其掌握的程度也是可评价和可量化的。

(2)意会知识:和生活经验有关,无法言传的一种知识。获取通道主要来源于学生平时的一些相关实践活动、人际交往、日常生活和学校教育之中。

(3)能力知识:能力不等于知识,但其中包含知识经验要素。通过对这些知识的学习有利于人们提高创新能力和解决问题的能力。如果我们重视教给学生如何从具体问题中感受与数学信息相关的知识,如何从个别情境中找出一般关系的知识,如何进一步展开联想的知识,学生的数学能力或许会提高得更快,而这些正是我们以前的教学过程中所忽视的。

在素质教育的目标指标体系中,应设立具体的能力知识目标,主动、自觉地实施能力知识教育,这是提高能力的一个有效途径。

(4)信息知识:指如何获取信息、加工处理利用信息的技术和方法方面的知识,以及寻找所需要知识的知识。在知识经济中,由于知识创新的速度越来越快,人们没有必要去学习掌握大量的知识,而是要掌握如何获取知识的知识,也就是要掌握信息技术的知识。由于这些知识在未来社会中起到重要的作用,所以这里把它作为独立的知识类别。

随着信息量的范围急剧增加,对于寻找所需知识的知识必须做到能快速进行相关查找,对信息能进行一定程度上的识别、选择和利用。

良好的素质结构除了体现在对于以上四部分知识的掌握,还体现在对知识结构的优化和运用知识的灵活能力上。

2. 观念系统

观念系统是个体所掌握的一定的知识经验在进行了相关的内化、升华后,在头脑中形成的一系列观念和意识的总和。人的理想信念是其核心,对大学生来说,要着重确立以下十个方面的观念和意识。

(1)生命观念和生命意识。对生命的意义有所了解,尊重生命、关爱生命。保持健康的生活方式,呵护生命、发展生命。要明白生命是个人和社会的统一,身体和心理的统一,人的能动性、受动性和符合目的性的统一。只有对生命的意义、生命的价值不断进行相关的追求与探索,进一步去发现和创造新的生命意义,焕发生命的激情,激发生命的灵感,才能实现生命意义的不断超越和升华,谱写更加光彩夺目的人生。

(2) 社会观念。对个人与社会的关系有一个明确的了解和见解,能做到适应社会、融入社会之中,并与社会和谐发展,立志奉献社会、服务人民。

(3) 学习观念。树立正确的观念,明白终身学习的意义所在,时刻坚持终身学习,付诸行动,做到与时俱进,紧跟时代发展的前沿;坚持有自我特色的健康发展和全面发展。

(4) 科学观念。明白一切要本着从实际出发的观点,按照客观规律进行相关的事宜,坚持实事求是、求真务实;坚持实践是检验真理的唯一标准。

(5) 人文观念。对于人生意义和人文价值有所区别,坚持求善、求美。珍爱亲人,友爱朋友,坚持诚信待人,乐于助人,努力营造和谐的生活氛围。

(6) 道德观念。对于道德的意义和价值有所界定,培养良好的品德,努力把道德要求内化为自己的精神需求。

(7) 法制观念和法制意识。懂得建设现代化国家的必然要求是依法治国,其不仅是社会主义民主政治的基本要求,也是基本的治国方略。对于法律和法制的重大意义有所了解和认识,自觉地遵纪守法。

(8) 竞争合作观念和竞争合作意识。懂得竞争的同时还要进行互相的合作,合作是现代社会发展趋势的必然要求,是促进社会和个人发展的一种合理的机制。竞争的同时又要善于与人合作,力求做到互利双赢,把竞争转化为动力,更好地促进工作的开展和事业的成功。

(9) 生态观念和生态意识、环保意识。正确认识人与自然之间的关系,明白社会可持续发展的基本条件就是实现人与自然之间的和谐发展。正确地认识生态环境是提高人的生活质量、生命质量的第一要素。自觉保护生态环境,努力促进生态环境的健康发展。

(10) 相关专业观念。每个人都在学习某一项专业,每一项专业都有一些相关的基本观念,这些知识是同学们所必须掌握的。

3. 精神品质系统

通过人的精神风貌、言行品质方面所体现出来的一种素质体现,具体归纳为十个方面。

(1) 理想远大,信念坚定,积极、乐观、平和的心态,有奋发进取和自强不息的精神。

(2) 胸怀广阔。开朗大度,不因小事动怒,不为琐事烦心,不要过分敏感,受了伤害自我疗伤尽快恢复。

（3）视野宽广，眼界开阔。不管是对待人、事还是问题，都要看得深、看得远、看得准，练就敏锐的洞察力，能透过现象看到本质，有预测力，能看到发展趋势。

（4）有强烈的历史使命感、责任感和事业心。对于自己所从事的工作意义能从一定的历史和时代的高度去做相关的审视，自觉肩负时代所赋予的历史使命，对待工作做到认真负责、精益求精。

（5）重诚信，重修养，讲道德、讲法制。以诚信铸就人生，以道德陶冶品质。

（6）良好的智力因素品质。观察全面细致；记忆牢固、准确持久；思维广阔、灵活、独特；想象力丰富、生动。

（7）良好的非智力因素品质。注意力集中、持久；兴趣广泛强烈；情感丰富、稳定，有强烈的感染力；意志坚强，承受挫折能力强；性格健康，有良好的沟通能力。

（8）科学素质和科学精神。持有求真务实、勇于探索的科学精神，尊重客观事实、客观规律和科学的严肃、认真的科学态度，有坚持追求真理、勇于修正错误的品质。

（9）人文素质和人文精神。有较好的人文基础，较高的人文修养、文化品位；有开拓创新的人文精神，认真负责、一丝不苟的敬业精神，艰苦奋斗、自爱不息的进取精神。

（10）健康完善的人格特质。有独立完善的健康人格，自信、自强，尊重他人，善于与他人沟通合作，有勇有谋，敢于承担责任。

4. 能力系统

能力是指人在进行相关的活动时，对于活动的要求能够做到快速掌握，使活动的效率得到提高，最终取得活动成功的心理品质和个性心理特征的总和。因此，能力是对于人的素质来说在活动中最好的体现，人的能力也总是通过一定的活动表现出来，能力的种类由活动的特殊性来做出相关的决定。

能力又可以分为两种形式，即一般能力和特殊能力。一般能力是指针对各种活动都可以起到相对的作用，特殊能力则是指只能在某种具体活动中起到相对的作用。这里着重介绍以下十种一般能力和特殊能力。

（1）思维能力。思维能力作为能力系统的核心来说，由多种分支构成，其中包括分析综合能力、归纳演绎能力、独立思考能力、求异思维能力、多元思维能力等。

（2）学习能力。学习能力的范围包括感受能力、理解能力、领悟能力、快速获取信息的能力。

（3）表达能力。表达能力的范围包括口头表达能力、书面表达能力、说服他人的能力以及推荐自己的能力。

(4)预见能力。预见能力的范围包括洞察细微的能力、敏锐发现新动向的能力、科学预测发展趋势的能力。

(5)实践能力。实践的能力范围包括动手操作能力、制定方案并加以实施的能力、计划组织能力、总结实践经验的能力、跟踪决策的能力。

(6)社会适应能力。社会适应能力包括快速适应新环境的能力、主动适应环境变化的能力。

(7)人际关系能力。人际关系能力包括善于与人沟通交流的能力、善于与人合作共事的能力。

(8)领导管理能力。领导管理能力包括决策能力、制定共同奋斗目标的能力、统筹规划能力、组织协调能力、激励下属的能力、灵活处理问题的能力。

(9)自我发展能力。自我发展能力包括自学能力、自我教育能力、自我调控能力、自我评价能力。

以上九种均为一般能力。

(10)相关专业能力。这是符合专业要求的一种特殊能力。

5. 行为素质系统

人的行为本身并不是人的素质,但在通过人的行为表现之后所体现出来的有关于人的精神风貌、行为品质等则属于素质的范畴。如今的时代,是一个重视个人行为规范的时代,因此,对于人的素质进行相关的培养也应该从人的行为方面着手。行为素质系统主要包括以下四个方面。

(1)保持良好的行为规范,培养良好的行为习惯。

(2)注意塑造人的外在形象,体现人的精神风貌。

(3)塑造个人特有的语言形象,体现人的文化素养、文化品位。

(4)通过举手投足表现个人特有的风度、气质和形象。

6. 身体素质系统

前文已经涉及,此处不再赘述。

以上关于素质结构系统的分析是与素质教育目标系统结合在一起的,这种结合将使素质教育更具有针对性。

## 第二节 新时期大学生素质教育现状

衡量一个国家综合实力是否强大的重要标志,就是通过国民素质来体现。国民素质,在很大程度上影响着整个国家的发展进程,进一步对国家与社会的生存与发展产生直接或间接的影响。

当代大学生作为肩负着国家兴盛大任的一代,是我国现代化建设中不可或缺的主要力量。因此,对其自身素质提出了相对较高的要求。在我国,20世纪90年代大学生素质教育问题刚被明确提出时就引起了各界对其的广泛重视。这是一个实践与探索并进的过程。

**一、大学生素质教育的现状**

作为一种全新的教育模式,素质教育是一种全方位的社会性教育改革,目标是以提高民族素质为主。素质教育针对思想道德素质、能力培养、个性发展、身心健康及心理健康的教育尤为重视。但依目前的具体情况来看,大学生素质教育并没有取得可观的成效。

目前,大学生素质教育主要存在以下几方面的问题。

(一)思想道德教育有待完善

对于大学生来说,他们的人生观、价值观处于正在形成的过程中,而素质教育作为教育环节中的一个组成部分来说,属于目前大学教育体系中相对比较薄弱的环节。

党的十六大报告指出:"依法治国和以德治国相辅相成,要建立与社会主义市场经济相适应、与社会主义法律规范相协调、与中华民族传统美德相承接的思想道德体系。"对于当前的高校来说,首要的任务就是提高大学生的思想道德素质教育,使其形成坚定的文化素养。针对大学生,合理地教育他们树立明确的爱党爱社会的意识,使其做到对党的基本路线有一个正确的认识。

与此同时,对他们加强礼仪等基础方面的有关教育,使他们具备家庭责任感、社会义务感等应有的传统美德,对那些不良行为主动远离,做思想道德高尚的当代大学生。

(二)心理健康教育值得重视

心理健康教育与素质教育两者有着密不可分的联系,心理健康教育作为素质教育的重要组成部分及重要载体,具有关键性的作用及意义。对于思想道德教育、文化教育及技能教育来说,无论它们是什么形式,都需要通过心理结构进行与之相对应的筛选与认同,形成内在的同化,才能够促进其心理历程的发展。

学生在校生活学习期间,在集体生活的过程中往往会面临一定的压力,如学习压力、生活压力、沟通压力等。面对在学习生活中遇到的挫折,大多数学生会产生悲观、焦虑、抑郁等消极情绪,这样一来就会在生活中出现回避、放任等消极行为。严重情况下,甚至会出现出走、自杀等极端行为,以致对学生未来的升学及就业及健康发展产生不良影响。

有研究表明,近三成的大学生具有不同程度的心理问题,其中十分之一的学生存在着中重程度的心理问题。而退学人数中近半数学生因精神疾病而退学。根据有关数据表明,心理弱势群体中,大学生所占比重在日趋增大。

在校期间,除了重视素质教育的其他部分以外,心理健康教育作为整个素质教育环节中的重要组成部分,也应该引起相关的重视。

(三)创新与实践能力不容忽视

作为当前基础教育改革的重点之一,培养学生的创新与实践能力已经成为全面实施素质教育的根本任务之一。第三次全国教育工作会议中李岚清就指出"实施素质教育要正确认识和解决好几个问题"。其中,克服忽视能力培养的倾向即是其中之一。

近年来,根据对大学生就业后所产生的一系列问题的调查显示,目前大学生的综合能力整体来说较差,相关数据表明,仅有近12%的学生会有意识地运用创造力,不足50%的学生会偶尔运用创新思维,九成的学生不知道如何使用创造力,超过五分之四的学生没有养成将专业知识运用到生产实践中的习惯。

目前多数学生还是会受到来自"应试教育"的影响与制约,创造性意识缺乏,对于专业知识与实践很难做到有效地结合,实际动手操作能力相对来说较差。

我国著名的教育家陶行知先生曾提出对学生进行"六大解放",即:解放学生的大脑、双手、眼睛、嘴巴、空间与时间。"六大解放"的提出,很好地为学生的创新与创造提供了必要的条件,在一定程度上来说,就是鼓励大学生投身于社会实践之中,培养自身的实践操作能力。

由此可见,大学生的创新与实践能力在实行素质教育的过程中,需要引起足够的重视,并进行进一步提高。

(四)环境因素需要改善

在过去,传统的教育观念认为,对于学生来说,在相关的素质教育过程中,起决定性作用的是思想政治教师及相关领导,与其他专业类的教师等没有丝毫的关系。而在实际的教学实践过程中,无论是哪类教师,他们在讲授课程的过程中,一言一行、一举一动都对学生产生直接且重要的影响。

在大学生活中,学生在学习与生活的过程中与辅导员之间的接触较为频繁、广泛,而与专业类教师较少的接触使其相应的教育教学体系难以有效形成。另外,与之长期生活在一起的同学在领悟方面的能力也不是特别强,完全靠相互仿效来提高其自身的素质,使学生处于一种"逢人渐觉乡音异"的状态。因此,环境因素对素质教育的影响不容忽视。

**二、加强和改进大学生素质教育的对策**

大学生素质教育的基本内容可以归纳为以下四个方面:专业文化素质、生理心理素质、学习技能素质与思想政治素质。根据上述文章对大学生素质教育描述的现状,应有针对性地着手对大学生素质的提升。如何提高大学生的素质也成了目前首要解决的问题之一。

以下是关于大学生素质教育的加强和改进的对策。

(一)培养自主学习能力

自主地进行学习是一种与传统的被动式接受学习相对的一种现代化学习方式,这种方式是以学生作为学习的主体,通过自主独立地进行相关的分析、探索、实践、质疑、创造等方法来实现学习目标的一种方法。大学生在校期间,凡是进行相关的知识查阅、知识收集、资料检索、知识累积以及新知识的吸收等能力都属于自主学习能力的范围。

作为高校,培养学生的时候,我们应该从培养他们的综合素质着手,将单纯传递知识的教育过程逐渐向探索"未知"进一步的转换,这样一来大学生不但获得了已知知识,与此同时,还学会了在新的环境中发现未知,激发其自身潜在的智慧,从而使其发挥自主学习的能力。

(二)培养沟通能力

沟通能力由表达能力、争辩能力、倾听能力和设计能力组成。沟通能力可以说是一个人素质的重要体现,个人的知识、能力和品德都与其有着一定的关系。

马克思指出:"人是一切社会关系的总和。""一个人的发展取决于和他直接或间接进行交往的其他一切人的发展。"因此,对于人类的生存和发展来说,必须具备沟通能力这一项必备能力,这也是人们成功的必要条件。

高校应该加倍关注大学生在沟通方面的能力,通过合理、正确的方式对大学生进行相关的引导与帮助,使他们克服自身具有的傲慢、自卑、自我、多疑等人性方面的弱点。积极提倡团队合作的精神,提高合作的效率,勇于并善于与外界主动进行沟通,建立起良好的人际关系。

## (三)培养健康的生活态度

对于大学生来说,身心健康作为他们正常学习、生活、交往与发展的一个重要基础,在高校的素质教育中任重而道远。

高校工作人员应坚持以人为本的原则,从实际情况出发,对学生的特点及需求进行调查并深入了解,对他们的生活动态也应该有所掌握,对其做到关怀、沟通与帮扶。然后,针对出现的不同程度的心理问题,在教育过程中相对应地培养大学生的忧患意识与竞争意识,开展不同形式的活动,以培养健康的心理为目的发展其健全的人格。让他们从而跟得上并适应社会的发展,使大学生能够以健康的心态面对社会激烈的竞争,迎接新的挑战。

## (四)加强教师队伍建设

邓小平同志指出:"一个学校,能不能为社会主义建设培养合格人才,培养德智体全面发展,有社会主义觉悟的有文化的劳动者,关键在教师。"大学生接受素质教育的主要途径为正规课堂教育及社会实践教育,其中,素质教育的重心在课堂。教师在素质教育中扮演着教育者、领导者及组织者的角色,通过教育教学活动对在校生的学习、生活及身心发展的方向起着主导作用。

正所谓,振兴民族的希望在教育,振兴教育的希望在教师,素质教育因此对教师自身提出了更高的要求。教师应在实践中不断提高自身的综合素质,加强教师队伍的建设,对全面推进素质教育、提高国民素质具有重要的意义。

### 三、大学生素质教育的必要性

大学生素质教育的推进,需要社会、学校与学生自身共同努力进行。学校提供良好的教育环境,社会创造优良的实践条件,学生自身亦应该通过与专业教师的学习,接受相关的新知识并应用到具体的实践中。

大学生素质教育在建设社会主义和谐社会及振兴民族的伟大事业中仍面临着众多的挑战与机遇,作为当代大学生,应清晰透彻地理解社会对当代大学生所赋予的要求,全面贯彻素质教育,使素质教育与传统的文化教育相互融合,全面提高当代大学生的综合素质,这是素质教育的目的所在。

## 第三节 中华优秀传统文化传承对大学生素质教育的有利影响

作为长期历史沉淀下来的稳定的中华优秀传统文化一旦生成,它对于置于这一文化之中的个体的生存就具有强有力的制约作用。中华优秀传统文化作为一种既定存在必将制约着高校思想政治工作,成为高校人文素质教育工作的重要文化背景。

正确引导大学生接触并相应地了解中华优秀传统文化,其有价值的部分对学生的思想意识、价值观念、行为模式、审美情趣都能产生积极影响,也有利于消解市场经济中某些经济原则带来的负面效应。本文在这里论述了我国中华优秀传统文化的基本要素、中华优秀传统文化对大学生教育的重要影响作用,并在此基础上,提出了弘扬中华优秀传统文化的重要途径。

### 一、中华优秀传统文化的基本要素

中华优秀传统文化是先辈们传承下来的丰厚遗产和历史的结晶。关于其构成的基本要素主要包括以下内容。

第一,中华优秀传统文化的核心是中国人内在的精神生活形式,包括价值观念、审美情趣、思维习惯等。

第二,中华优秀传统文化的内容往往也以外在的物态形式来表现,涉及人们衣食住行的风俗和行为的规范等。

第三,中华优秀传统文化具有在中华民族长期历史发展中形成的独立特征,这种民族性的文化实际上已经成为多元世界文化的重要组成部分。中华优秀传统文化形成于特定的"生态环境",这种"生态环境"养育了中华民族的心理特征,产生了绚烂多彩的文化特质。大学生的文化素质教育,是高等教育的重要组成部分,是高等学校精神文明建设的重要内容之一。中华优秀传统文化是中国文明历史绵延五千年的产物,从未中断,在世界上是独一无二的。

### 二、对当代大学生进行中华优秀传统文化教育的途径

目前,我国高校对科学知识的传授和相应技能的培训表现出了较为重视的态度,却在一定程度上忽视了对大学生进行相应的人文精神的培育,因此,导致大学校园成了纯职业训练的一种场所。尤其是一些理工科院校,把人文教育与科学教

育清晰地分割开来,致使学生人文素养状况总体不容乐观,所了解的国学知识严重匮乏。

由于对民族文化的漠视,使得大学生在针对民族情感、社会意识、国家观念、审美情趣上的观念、思想逐渐淡化,导致了整体素质呈下降趋势。因此,对大学生进行相关的中华优秀传统文化知识的教育刻不容缓、迫在眉睫。为此,我国高校继承和发扬中华优秀传统文化是历史的使命,应重视中华优秀传统文化教育。大学教育必须体现自己国家和民族的文化特色。

结合当前高等教育的相关实际情况,现对当代大学生中华优秀传统文化教育的途径简单做如下阐述。

(一)普遍开设中华优秀传统文化教育通识课程

《国家"十一五"时期文化发展规划纲要》第三十条要求"高等学校要创造条件,面向全体大学生开设中国语文课。加强中华优秀传统文化教学与研究基地建设,推动相关学科发展"。

当前,在大学的一些相关教育中,经济、法律等应用学科备受关注,而相关的文史哲方面的学识等基础学科却是恰恰相反。为了更好地使中华优秀传统文化能够代代传承和更新发展,大学教育应普遍将中华优秀传统文化的通识教育重视起来,根据实际情况可将中华优秀传统文化教育作为学生的必修或选修课程,并列入教学大纲,纳入学校课程体系。

针对学生的相关基础课程,增加中华优秀传统文化的通识类课程,从而为大学生较系统地学习中华优秀传统文化知识提供必要的课程平台,使学生了解中华优秀传统文化历史的同时,学习中华优秀传统文化知识,领悟中华优秀传统文化精华,进而弘扬传统美德,发扬传统民族精神。

(二)多方位发掘学科课程的人文内涵

针对学科课程,尤其是对于文科课程来说,在讲授其专业知识的同时,也要注重发掘其中蕴含的中华优秀传统文化资源,并结合学科特点把中华优秀传统文化的内容更好地融入其中。

例如,在进行大学语文课程讲授时,基于课程本身浓厚的人文特质,可以充分挖掘优秀文学作品的精神资源,从哲学、政治、历史、人文、民俗风尚、审美意趣、语言文字等层面进行多维度的意义建构,将中华文化的精髓贯穿其中。

其他文史哲课程方法也是如此,大同小异。对自然科学课程则可以通过介绍学科发展历史等方法,强化专业的历史教育,如法制史、财政史、金融史、数学史等,使学生对中国科技历史和优秀文化遗产在一定程度上有所了解。

(三)转变传统的授课方式

尽管不少高校都相继开设了关于中华优秀传统文化方面的通识教育课,但北京大学中文系主任温儒敏对它们的评价却是"效果平平"。虽然结合了多方面的因素,但授课方式依旧显得古板和陈旧,屡屡受人诟病。

同样是对于中华优秀传统文化知识的传授,央视的"百家讲坛"栏目推出的中华优秀传统文化系列讲座却广受群众的欢迎。"于丹现象""易中天现象"为我们有效地传播中华优秀传统文化提供了很好的借鉴。

首先,要注重对传统经典中的现代因子进行相关的挖掘,从"现代视角",在新时期的语境下,进行合理、明确的阐释和调整,做到古为今用。

其次,在注重对历史深度和文化深度的设计与把握的同时,兼顾学生的文化基础和兴趣需要,不能居高临下,过于强调学术性,要采取普及的态度,从学术研究的高阁中走出来,运用深入浅出的方法,甚至可以"用非学术的语言,来讲学术性的内容",努力实现从"曲高和寡"向"和之者众"的转化,从而激发起大学生对祖国历史和中华优秀传统文化的浓厚兴趣。

(四)努力提高教师的中华优秀传统文化素养

教师的水平高低对教育质量的高低起着决定性的作用。由于种种历史的原因所在,多年来中华优秀传统文化都没有得到很好的相关传承。目前教师的中华优秀传统文化素养情况不容乐观,不能很好地承担中华优秀传统文化教学的相关任务。

培训教师是重要的入手点,针对师资队伍的建设要大大地加强。可以采用一些相关的派出学习、资助课题、与文化单位进行相关交流研讨等形式,打造一支熟悉中华优秀传统文化的、高学历高水平的专家型的大学教师队伍,并造就一批国学功底扎实、勇于开拓创新的学术带头人,培养一批年富力强、政治和业务素质良好、锐意进取的青年学术骨干。

(五)重视中华优秀传统文化教材建设

在有关中华优秀传统文化教材的相关建设方面,近年来,教育部虽然已将中华优秀传统文化教育列入"新世纪高等教育教学改革工程"项目,有关大学和出版部门先后编写出版了《中华优秀传统文化概论》《中华优秀传统文化通论》《中华优秀传统文化精神》等书籍,有的已作为大学中华优秀传统文化教材进入课堂,但是真正落实到相关的教育实践中,这些教材依旧会暴露出一些"大而空"的缺陷,泛泛而谈的内容,根本引不起学生学习的兴趣。

在今后的日子里,我们非常有必要把那些有经验的专家学者集中起来,对现有的教材进行相关的深入分析和综合研究,选择那些能够体现现代意义的传统经典,尝试"以实为主,以作品印证问题"的方法,尽快编写出高水平、规范化、深受师生喜爱的大学教材,并不断加工修改和提高质量,逐步将全国的中华优秀传统文化课教材建设引向健康发展的轨道。

(六)营造校园文化氛围

提高学生中华优秀传统文化素养的一条重要途径,就是通过采用耳濡目染的方式,在校园中营造一种浓厚的关于中华优秀传统文化的氛围。例如,在大学校园里可以经常播放一些相关的古曲、古乐,张贴一些相应的古代先贤的语录,通过各种文化社团组织古诗词朗诵、古诗词写作活动,邀请有关专家教授开设讲座和论坛,传习传统技艺等,还可在传统节日组织各种民俗活动,紧紧围绕节日主题,体现民族风俗和民族心理,挖掘中华优秀传统文化节日的文化内涵。在这些中华优秀传统文化的普及活动中,学生会潜移默化地受到中华优秀传统文化的熏陶。

总之,中华优秀传统文化底蕴厚重,格调高雅,积淀和蕴含着历代中国人的经验和智慧,是我们民族最为宝贵的精神支柱和文化遗产,具有强烈的感染力。中华优秀传统文化的学习对完善大学生人格,使大学生形成良好的文化素质,丰富大学生的人文素养具有重要的现实意义。

## 三、中华优秀传统文化教育的重要性和必要性

中华民族的伟大精神通过中华优秀传统文化相应地体现出来,这对于改善大学生的知识结构,全面提高大学生的思想道德素质和科学文化素质,具有十分重要的作用。

(一)有助于提高大学生的思想道德素质

长期以来,高校把太多的功夫和时间都放在了针对大学生进行世界观、人生观、价值观、理想、信念等方面的教育上,对于做人做事基本的道德品质,教育引导方面的力度还不是特别充足。

在中国古代,教育以道德教化为先,道德教化诉诸个人内心修养,并重在践行。中华优秀传统文化是"德性"文化,注重人的道德修养。古代教育家的教育思想广博而深邃,富有很强的哲理性,其道德学说规范并制约着中国人的道德意识和道德行为。所谓"仁者爱人"是中华优秀传统文化所期许的道德修养的最高精神境界。

除以上所述的相关内容外,可供借鉴的还有经世致用,实事求是的务实精神;以德治国,修身为本的重德精神;各族一家,协和万邦的宽容精神;"老有所终、壮有所用、幼有所长、矜寡孤独废疾者皆有所养"的人道主义精神等。从一定的角度正确地介绍这些优秀的道德传统必将对大学生的思想、意识、行为模式产生一定程度上积极的影响。

(二)有利于提高大学生的民族自尊心和自信心

中国的民族精神,在《周易大传》的两句名言中得到了很好的具体体现,就是"天行健,君子以自强不息;地势坤,君子以厚德载物"。

此外,中华民族刚毅奋进的人生态度;"天下为公、世界大同"的理想精神;忧国忧民、献身祖国的爱国热情;"先天下之忧而忧,后天下之乐而乐"的博大情怀;"富贵不能淫、贫贱不能移、威武不能屈"的高尚情操;"士可杀不可辱""杀身成仁""舍生取义"的浩然正气,这些教材对于大学生来说,都是进行爱国主义教育极好的例子。

(三)有利于消除不规范的市场经济带来的负面效应

在今天,市场经济得到迅速发展,大部分人不得不为了生活而奔波,不得不为了一些利益而进行拼搏奋斗。这个时候,就会滋生一些负面的现象。在这种环境影响下逐渐成长起来的大学生,很容易产生见利忘义的情况,思想上出现盲区,容易产生唯利是图、享乐至上等思想。

针对这一现实情况,教育者要把大学生的思想实际与社会现实紧密结合起来,进行相关的深入分析、找出大学生的思想症结所在,加以正确地引导并进行相关的启发教育。要强调先义后利,以义为上。在获取个人利益时,一定要考虑是否符合"取之有道"的原则,提倡"见利思义",坚决抵制、反对"见利忘义"等不良现象。

# 第三章 加强大学生思想政治素质教育

大学生是民族的脊梁,是国家和社会发展的未来。社会发展的重任将要落在大学生身上,他们代表着国家未来的发展方向。在当前复杂的国际形势下,意识形态领域的斗争局面将会一直存在,因此,要加强大学生思想政治素质教育,培养大学生的爱国主义精神。

## 第一节 爱国主义的中国文化根基

爱国主义是一个民族、一个国家赖以生存和发展的基本精神,是每一个伦理主体普遍具有的情感与道德准则,它流淌在一个人的血脉中,是一个人最宝贵的感情。在中华民族发展史上,爱国主义的内涵之所以能够不断丰富,爱国主义的传统之所以能够源远流长并积淀成具有中国本土特点、在今日之中国依然具有强大凝聚力和吸引力的高尚情操,是因为中国有着孕育爱国主义思想的独特文化土壤和深厚的文化根基。

### 一、我国的爱国主义特质

我国的爱国主义特质主要表现为两个方面,一是以血缘为基础的伦理政治型文化的国家发展历程,二是我国士人注重对爱国情操的内外兼修。

马克思主义经典作家指出,人类社会由蛮荒时代进入文明时代的历史进程主要表现为两种方式:一是以古希腊为代表的"古典的古代",二是以古代东方国家为代表的"亚细亚的古代"。"古典的古代"指的是从氏族到私产再到国家,即首先是个体私有制代替氏族组织,然后是国家代替氏族。而"亚细亚的古代"指的是氏族直接转化为国家,国家的政权组织形式与血缘氏族制紧密地结合在一起。根据这种划分,中国进入文明时代就属于典型的"亚细亚的古代"方式——从氏族"部落"的融合开始,国家因融入家族直接转化为统治机构并与家族在组织结构上具有高度的相同性。

我国在原始氏族公社时期,人们之间的社会关系主要表现为以血缘为纽带进行交流的血缘关系,而不同氏族群体之间的姻亲关系就形成了亲缘关系。随着社会的发展,氏族群体的分裂、增加以及代代相传,不同血缘族群之间的交流、迁徙和融合开始加强,小部落逐渐融合成大部落,单一族群的血缘关系逐渐变得淡漠起来。但这并不代表着血缘、亲缘关系的完全消失。相反,随着社会发展与人类文明的进步,大部落直接过渡到早期的国家,部落首领直接变成国家的君王,由氏族部落承袭而来的血缘、亲缘关系就自然成为国家建构和发展的重要因素。公元前21世纪,奴隶制国家建立,中国以奴隶社会的国家形态取代原始社会的部落形态,禹的儿子启建立第一个奴隶制国家夏朝,标志着中国进入文明社会。随着历史的不断发展和推移,这种血缘亲情关系逐渐发展成为宗法制,以姓族统治和治理国家、以血缘纽带维系社会成员的风俗习惯和伦理观念成为中国社会的重要特征。以三代为例从社会组织的特性和发达程度来看,夏商周似乎都具有一个基本的共同点,即城邑式的宗法统治结构。夏代是以姒为姓的王朝,商代子姓,周代姬姓,姓各不同,而以姓族治天下是一样的。这说明我国历史进入文明社会的独特路径,造就了中国"家国同构"的国家治理框架,即不论国家或家族、家庭,均以血缘宗法关系来统领,它们的组织系统和权力结构都是严格的父权家长制。这表现为在一个家庭或家族内,以父亲为尊,权力最大;在国家中,君主的地位至尊,权力至大,父亲和君主依托伦理和道德对族群和国家进行组织和管理,王公贵族们按照血缘关系分配国家权力。再加上统治阶级对君权神授的大肆宣传,这种由政权、族权、神权、夫权组成的体系完善的宗法制就成为统治者们维护自身统治的重要砝码。在"家国同构"的治理框架内,化家成国、家国一体,"家是小国,国是大家",整个社会和整个国家就犹如由无数个小家庭组成的大家庭一般。正如钱穆先生所言:"有家而有国。次亦是人文化成。中国俗语连称国家,因是化家成国,家国一体,故得连称。"这种家国一体、家国同构的文化形态和社会结构,使家庭或家庭成员和国家子民对父亲和君主的绝对服从,进而形成和巩固了忠君即为爱国的理念。在这种爱国理念的支配下,每一个个体对国家的热爱和忠诚就如同子女对父母的情感一般自然、顺理成章,由家及国、家国同构,血缘亲情之爱与对国家民族之爱完全融为一体。

这种家国同构的文化形态,也让人们认识到,个体存在的价值和意义,除了父母、家庭和国君,还应放眼社会和天下得更加博大的伦理情怀,以及"与人恭而有礼,四海之内皆兄弟也""老吾老以及人之老,幼吾幼以及人之幼""亲亲而仁民,仁民而爱物"的社会理想,这就直接熔铸了中华民族爱国主义思想中特有的胸怀天下的情操。在春秋时期,先哲们以天下为本考虑"善治",孔子、墨子、庄子、孟子等亦都以"天下"为己任。荀子明确指出:"国,小具也,可以小人有也,可以小道得也,可以小力持也;天下者,大具也,不可以小人有也,不可以小道得也,不可以小力持也。国者,小人可以有之,然而未必不亡也;天下者,至大也,非圣人莫之能有也。"在《礼记·礼运》中,也是以天下作为关怀对象来对人类的理想社会进行描写:"大道之行也,天下为公。"在中国思想史上,这种以血缘为基础的伦理政治型文化作为中国社会独有的精神特质渗入中华民族的灵魂,培养出一种为国忘家、精忠报国、以身殉国的浩然正气以及具有强烈的凝聚力、向心力和感染力的爱国主义精神,并深刻地影响着中国社会的存在与发展、中华民族的意识形态及价值取向。

在我国传统社会中,士人对忠君爱国思想的积极追求,特别是将其作为自身德性修养的重要内容以及衡量自我人生境界和德性操守的重要标准,是中国爱国主义思想蓬勃发展的不竭动力。他们对"内圣外王"的理想人格和政治理想的追求集中体现了这一点。

《尚书·洪范》对"圣"做出解释:"聪作谋,睿作圣。"聪明睿智、无所不晓即为圣。与孔子论圣不同,孟子对圣人的论述比较多。孟子认为,圣人是人类社会中出类拔萃的佼佼者圣人之于民,亦类也,出乎其类,拔乎其萃。圣人是人伦道德的最高体现者,他不但能将善和信等德性扩充到极致,而且可以使善德内化于身。庄子认为,圣人具有体认大道、注重精神自由、超脱于尘世之外的人格特征,他无己、无功、无名,通过内在精神境界的提升超脱世俗羁绊。荀子将"圣"作为一种自觉履行道德规范的人格典范和伦理主体自身德性修养的最高境界来规范:"圣也者,尽伦者也。""内圣外王"一词最早出自《庄子》:"是故内圣外王之道,暗而不明,郁而不发,天下之人,各为其所欲焉,以自为方。""内圣"也就是理想人格,表现为:"不离于宗,谓之天人,不离于精,谓之神人;不离于真,谓之至人。以天为宗,以德为本,以道为门,兆于变化,谓之圣人。以仁为恩,以义为理,以礼为行,以乐为和,熏然慈仁,谓之君子。""外王"也就是政治理想,表现为:"以法为分,以名为表,以参为验,以稽为决,其数一二三四是也,百官以此相齿;以事为常,以衣食为主,蕃息蓄藏,老弱孤寡为意,皆有以养,民之理也。"通过分析可以看出,内圣是伦理主体人生境界提升的一种价值指向,外王就是齐家、治国、平天下,体现的是人们对理想政治模式的探求。随着儒道释三教的合流发展和理学思想的出现,"内圣外王"成为中国思想史上一个非常重要的概念。

我国先哲认为,内圣之道是伦理主体对道德人格典范和道德修养境界的修炼过程,圣人可以因学而致。因此,士人对自身的德性修养都比较重视,其目的就在于能够达致圣人的精神境界。孔子提出了"为仁由己""修己敬人""吾日三省吾身"等修养方法,孟子以人性本善为"内圣"的先验依据,提出以"万物皆备于我也,反身而诚"来强化"内圣"的责任,《中庸》则以"慎独""致中和",《大学》以"格物""致知""诚意""正心"等为致圣之道,荀子强调"积习",主张"治气养心之术"。通过内圣之道,我国的先哲大贤锻造出了坚强的意志和优良的品格,他们就算是面临巨大的挫折,陷入困厄之中,仍能自强不息,"尺蠖之屈,以求伸也。龙蛇之蛰,以存身也""处乱世而报道不屈,不汲汲于一时之功利,而实为民族万代求存身"。如汉代的司马迁一生遭际非常曲折,但他在身心受到打击之后,却仍有一颗奋励之心,体现了培养逆境美德的积极力量。

向外修政是向内修德的目的。将政治事业的发展融入整个人生之中是所有古代中国知识分子的共同追求。中国古人定义不朽之人生有立德、立功和立言三种。"立德"是指树立高尚的道德,"立功"是指为国为民建立功绩,"立言"是指提出具有真知灼见的言论。对死后不朽之名的追求,可以激励个体生命释放出巨大的能量,拼搏奋进,建功立业。这六个字在两千多年中深深地印在中国人的心中,成为一个最高的道德理论和人生信条。"外王"就是这样的一种政治理想人格,即在德性修养的基础上,还要把圣人的王道理想通过社会生活和国家政治加以践行,为国家民族的发展做出贡献。孔子认为政治人格上的圣人是爱民施仁政的。在孟子看来,尧、舜、禹、汤、文王、武王、周公等为国家社会的发展做出巨大贡献的人皆属圣人。老子则认为,圣人在治理国家时完全以百姓作为行事的出发点:"圣人无常心,以百姓心为心。"而墨子则认为圣王通过明天鬼之欲憎的行为兴天下之利,除天下之害,为百姓能够安稳地生活提供保障。汉代以贾谊和司马迁为代表的儒士自觉,就主要体现在对坚毅品格意志的肯定、对社会使命感的践行和对人生不朽价值的追求等方面。其中尤其是贾谊,他忧国忧民、欲助君王平治天下的责任感和使命感非常强烈。张载曾立志于"为天地立心,为生平立命,为往圣继绝学,为万世开太平",抱负之大、之高溢于言表。明代的哲学家王阳明从12岁就立志做圣贤之人,15岁就独自考察边关。从政之后,王阳明平定叛乱、剿除匪患,力挽狂澜,立下盖世奇功,用实际行动践行其早年立下的建功立业、报效国家的宏伟志向。明末清初之后,关于圣人问题的讨论,逐渐打破了宋明以来从立德方面设定圣人理想人格的单一维度,开始多维度地从立功、立业等方面对圣人理想人格的基本内涵进行解释,更加强调外王事功。特别是在近代,面对严重的民族危机,学者们将学问的视点投向救国救民的事业,事功的价值观成为圣人外王的重要着力点。

**二、爱国主义以民为邦本为源泉**

爱国主义并不仅仅是指爱国家的某一要素,也不仅仅是指爱自己需要或是喜欢的一些要素,而是基于国家的整体性特质即所有组成要素所产生的强烈而持久的感情。在国家要素中人民是第一要素,是国家进步和发展的动力,是国家的主体和根本。没有人民,国土没有意义,政府也不可能存在。所以,爱人民才是最大的爱国,爱人民也才是真正的爱国,爱国主义的核心要义是爱人民。

爱国主义之爱人民就是要爱民亲民,要给予人民安全、幸福,使人民生活幸福安康,要以人民的利益为主要出发点,要将得民心、顺民意作为国家施政的准则。这种为政以仁、爱民如己的民本思想与中国传统文化"仁"的思想紧密相连。

在我国传统社会中,"仁"是统治者施政的价值标准,在古代典籍中出现得很早并被广泛论及。《国语·周语》中提道:"仁,所以保民也。"《左传·昭公二十年》中言:"度公而行,仁也。"《国语·晋语》:"为仁与为国不同,为仁者,爱亲之谓仁。"又如《左传·隐公六年》:"亲仁善邻,国之宝也。"这里的"仁"指的都是治国的方法和途径。孔子对"仁"进行了系统阐发,形成了体系完善的"仁"学思想,并对后世中国的治政之学产生了重要影响。孔子"仁"的思想可以用"为政以德""节用而爱人"等进行概括。《论语·学而第一》中说:"子曰:'道千乘之国,敬事而信,节用而爱人,使民以时。'"《为政》第一章中说:"子曰:'为政以德,譬如北辰居其所而众星共之。'"这些强调以德治国、以德化民,认为德治就可以使人民做到"有耻且格",因而用法度、刑罚的手段治理国家是不可取的。孟子对孔子"仁"的思想进一步发展,明确提出"仁政"的主张:"人皆有不忍人之心,先王有不忍人之心,斯有不忍人之政矣;以不忍人之心,行不忍人之政,治天下可运之掌上。"这就是说要用同情人的心实行同情人的政治,治理天下就很容易。明代大儒王阳明的"为政以德"的思想,还非常强调治政者自身的德行。他认为,有其德必有其善政,无其德则必无其善政,为政者必须要具有良好的道德修养,良好的德性是治国理政的重要条件。他指出,为政者要顺应民心、爱民和富民,使百姓安居乐业,生活富足。制定政策要从百姓的根本利益出发,这样才能得到百姓的拥护和爱戴。所谓"君子贤其贤而亲其亲""如保赤子",就是说为政者应像君子尊贤爱亲那样爱护人民,应像父母爱护婴儿那样爱护百姓。

人民幸福是爱国主义的重要目标指向之一。我国传统思想提出的爱民亲民理念,是深刻意识到民为邦本对于国家社稷稳定和谐的重要意义的表现。民本的基本精神很早就在我国产生。燧人氏钻木取火,让百姓"饭熟食",有巢氏"构木为巢,以避群害",黄帝为民操劳,得民心、顺民意,以及大禹为治理洪水、造福于民"乃劳身焦思,三过家门而不入"等,均是民本思想的体现。《尚书》中提到,"皇祖有训,民可近,不可下。民惟邦本,本固邦宁。""天视自我民视,天听自我民听"。

而"敬天保民""明德慎罚"等则是周初民本思想最基本的内容,特别是治民须"先知稼穑(种田)之艰辛"、为政要"怀保小民,惠鲜鳏寡",甚至将"保民"提升到"敬天"的高度,这些都在治国理政层面表达了以民为本的思想。随着社会的发展,"仁"与民本的思想越来越紧密地结合在一起,成为历代思想家和为政者自觉不自觉地提倡的治政之学。

孟子明确指出"民为贵,社稷次之,君为轻";提出"制民之产",认为这是政权稳定的根基所在;强调保护小农经济,轻薄赋税,征发徭役不违农时;反对暴政和战争,斥责奢侈挥霍不顾百姓死活的统治者是禽兽:"庖有肥肉,厩有肥马,民有饥色,野有饿莩,此率兽而食人者也。兽相食,且人恶之,为民父母,行政,不免于率兽而食人,恶在其为民父母也?"痛骂战争的发动者:"争地以战,杀人盈野;争城以战,杀人盈城。此所谓率土地而食人肉,罪不容于死。"并警告统治者:"君之视臣如手足,则臣视君如腹心;君之视臣如犬马,则臣视君如国人;君之视臣如土芥,则臣视君如寇仇。"

墨子是我国古代下层民众的代表,他以发展社会经济、保障下层民众的普遍利益为出发点提出了民本的思想。他说:"五谷者,民之所仰也,君之所以为养也。故民无仰,则君无养;民无食,则不可事。"指出了百姓赖以生存的物质资料对于维护国家社稷稳定和发展起着重要的作用。如果"饥者不得食,寒者不得衣,劳者不得息",为政者却"厚措敛乎万民,以为大钟、鸣鼓、琴瑟、竽笙之声",这就会将国家社稷陷于无法自拔之境地。因此统治者一定要明白"天子为善,天能赏之""天子为暴,天能罚之"的道理,要努力使社会各阶层各司其职,所有活动都应以维护百姓的基本生活权益为原则、以维护社会的和谐稳定为基准,并节葬、节用,"凡足以奉给民用则止。诸加费不加民利者,圣王弗为"除此之外,墨子还强烈要求消除战争,实现国家和平,停止一切会对百姓造成损失和带来伤害的战争行为。汉代贾谊明确提出"民为邦本"的观点。他认为,民众是国家的根本:"闻之于政也,民无不为本也,国以为本,君以为本,吏以为本。故国以民为安危,君以民为威侮,吏以民为贵贱。此之谓民无不为本也。"他还告诫统治者要爱民、富民,为了保国家长治久安他还主张实行利民政策,实行重农抑末政策迫使技巧、工商之人归本于农业以实现仓廪实、衣食足,改善农民的生活状况。

一个怀有爱国情感的人,对祖国、民族、人民的命运非常关心。宋代的张载以"民胞物与"的思想为出发点,提出了"我"应爱一切人切物的观点。在形式上虽然具有泛爱主义的特点,但从一个侧面反映了他对自魏晋以来的封建门阀制度的历史否定,体现了他对穷苦百姓的某种同情之心和关爱之情,民本的意识非常强烈。

王阳明同情民生之艰辛,坚决反对"不教而杀"。他一方面对"顽民""贼民"进行劝谕以使其免遭无辜杀戮;另一方面通过减免赋税、发放救济等办法,改善与百姓的关系,拉近与百姓的距离。张居正认为民众是国家之本,要想治国安邦,必须安定民众。安定民众的首要问题就在于关心民众疾苦,爱惜民生,使百姓能够生活下去,这样即使有夷狄盗贼之患,国家也可保持安定、和顺的局面。

明清时,民本的思想成为近代爱国主义思想的基本内容。王夫之亲眼看见了明朝末年统治者不以民为本、对民施以重压最后葬身农民起义浪潮的事实,他认真总结历史经验教训,指出:"高以下为基,泓以纤为积,君以民为托,理以事为丽。"并对统治者提出诫言,要把关心民众的问题作为"第一天职"来对待。黄宗羲指出:"古者以天下为主,君为客。凡君之所毕世而经营者,为天下也。今也君为主,天下为客,凡天下无地而得安宁者,为君也。"在黄宗羲看来,百姓为国家社会的主体,君主政治活动的目的在于维护天下百姓利益,天下之所以动乱,是因为后世的君主将自己立为国家的主宰,未能积极关照人民的利益和福祉。因此,黄宗羲主张治政应从天下万民出发、从民生出发。为了解决民困,还民生幸福,他还提出了恢复古代的井田制、平均土地等主张。到了清朝末年,康有为在其爱国思想中明确提出了富国、养民的政策,指出:"国以民为本,不思养之,是自拔其本也。"康有为认为养民的方法有务农、劝工、惠商、恤穷四种。但当时的中国处于贫穷落后的状况:"夫以尽竭天下之财,而犹不足以为国,尽免天下之税,而犹不足以富民,然今之谋国其穷哉! 其穷至是尚不思所以变计,是坐而待亡也。"因此,只有对国家在政治、经济、文化等各方面进行一系列的改革,才能最终实现富国、养民。他还提出要通过钞法、铸银、铁路、机器轮舟、开矿、邮政,使中国变成一个近代化的工业国方能改变国穷民困的状况,民本的爱国主义思想非常浓厚。

**三、爱国主义以文化认同为根基**

爱国主义是民族精神和民族文化的本质体现,其包含着对祖国的成就和文化感到自豪、强烈希望保留祖国的特色和文化基础的态度,因此,从一定意义上来说,爱国主义会基于共同的祖先认同和文化认同而发展。祖先认同的权威性毋庸置疑在所有的崇拜中对祖先的崇拜最有合法性,因为正是我们的祖先造就了我们。英雄的过去、伟大的人物、昔日的荣光(我所理解的真正的荣光),所有的这一切都是民族思想所赖以建立的主要基础。我国爱国主义思想的发展历程表明,中华民族共尊黄帝为先祖、共认龙文化、共享华夏民族是其持续发展的重要根基。自古以来,作为一个中国人,无论身居何处,一句同是"炎黄子孙""龙的传人"就能唤起一个人的爱国心声,激发他们强烈的爱国之情。当前,更有很多的爱国人士利用各种机会回国认祖归宗、致力于国家的繁荣发展,为推进祖国的统一事业、振兴中华做出贡献。

(一)在历史发展过程中,"炎黄子孙"的称谓对于维护中国的和平统一和实现中国的独立自强发挥了重要的作用

春秋战国时期,诸侯争霸,战乱频繁,为缓解战乱、解救生民于水火,"世俗之人,多尊古而贱今。故为道者必托之于神农、黄帝而后能入说"气孔子称赞黄帝说:"生而民得其利百年,死而民畏其神百年,亡而民用其教百年。"根据历史记载,秦灵公将黄帝、炎帝作为祖先进行祭祀,齐威王铸敦铭记"高祖黄帝",《国语·鲁语》中提到,舜和禹为黄帝之后,《国语·周语》亦言:"唯有嘉功,以命姓受祀,迄于天下。及其失之也,必有慆淫之心间之,故亡其姓氏。……夫亡者岂系无宠,皆炎黄之后也。"秦汉时期,炎黄子孙的称谓出现并得到认同。黄老学在汉初盛,"百家言黄帝",汉武帝开设黄帝陵祭,而司马迁借助《史记》将黄帝华夏始祖的地位确立下来则对于中国人自称"炎黄子孙"起着关键性的作用。魏晋以降清末以前,炎黄二帝备受尊崇,其文明初祖和帝王鼻祖的地位和形象非常突出。1894年甲午战争以后,中华民族陷入严重的民族危机,国人开始广泛使用"炎黄子孙"的称谓。无论是革命派还是改良派都将"炎黄子孙"作为拯救民族危亡、激发全国民众爱国情操的号召语。诗人丘逢甲在其爱国诗篇中振臂高呼:"人生亦有祖,谁非炎黄孙。归鸟思故林,落叶恋本根。"面对西方列强的侵略,包括少数民族人士在内的有识之士均号召打破族群界限,以"炎黄子孙"为旗帜凝聚中华民族之力共抗外敌。辛亥革命以后,"炎黄子孙"成为中国人的代名词。而以"五四"运动为标志的一系列爱国主义运动,进一步提升了"中华民族之全体,均皆炎黄子孙"的共识。抗日战争期间,在救国救民于水火的斗争中,"炎黄子孙"的称谓被定型为中华民族特有的指称符号。为了促进联合抗日,中国共产党在给国民党的电报中明确提出:"我辈同为黄帝子孙,同为中华儿女,国难当前,唯有抛弃一切成见,亲密合作,共同奔赴中华民族最后解放之伟大前程。"在"炎黄子孙"这面极具凝聚力的旗帜的号召下,中华民族谱写了一曲高亢昂扬的号召海内外所有华人共同抗战、集体御敌的宏大爱国史歌。也正是因为全国四万万同胞共同联合起来,才能取得抗日战争的全面胜利和彻底胜利。

(二)对"龙"文化的高度认同延续了千年的中华文明

在国家尚未形成以前,中华民族的远古祖先,对赖以生存和繁衍的山川大地就

具有了强烈的依恋之情。他们团结一致,保卫自己的氏族、部落不受侵犯。在氏族和部落的发展过程中,各个部落形成了各自不同的精神崇拜物——图腾,如骆驼、蛇等。半人半兽形象的图腾崇拜是自然崇拜和祖先崇拜相结合的原始宗教,反映了处在生产力低下时期的人们,在恐惧感和神秘感支配下对动物产生的幻觉,也反映着当时人们与动物之间的亲密关系。在我国古籍中早就有关于人兽相伴的形象的记载。《山海经》中写道,"其为人大,左手操青蛇,右手操黄蛇""其为人黑,两手各操一蛇,左耳有青蛇,右耳有赤蛇",其中蛇形即为远古的图腾。《左传》中黄帝以云纪,炎帝氏以火纪,共工氏以水纪,太昊氏以龙纪,少昊氏以鸟纪,这些都表现了图腾崇拜。在氏族部落逐渐向部落联盟和部族发展的过程中,各氏族、部落的图腾开始逐渐融合并形成共同的图腾——龙。龙图腾的形成标志着中国远古各部落实现了最终融合。龙为图腾说的首倡者是中国著名的学者闻一多。他认为,由各种动物的部分特征复合组成的龙,乃是我国古代很多部族的不同图腾糅合而成的一种综合体。中国古籍中关于龙形象的记载很多。《楚辞·天问》中有"焉有虬龙,负熊似游"的记载。《山海经》中提到,"鸟首而龙身""龙身而人面""人面蛇身""人面鱼身"等。多元一体的龙,在人们的心目中逐渐神化为龙神。被尊为人祖的伏羲、女娲,其形象都是人龙的结合体,神农炎帝祖亦"龙首,颜似龙也",也是龙神化的形象。随着秦汉封建政权的高度集中,龙神崇拜与帝王崇拜日益紧密地结合在一起。秦始皇就被称为始龙,《史记》记载秦始皇之死为"今年祖龙死",祖有开始的意思。汉高祖为了实现自己君临天下的愿望,编造了自己是真龙天子的神话。从汉代开始,龙与皇帝、皇权统一起来,皇帝的生死以及衣食住行都以龙为标识化特征,由此以来,龙文化从此带上了浓厚的政治意味。人们像尊崇龙一样崇拜帝王,确立起了帝王的绝对权威。几千年来,龙文化与中华民族水乳交融。作为民族精神的象征、中华文化的标志、华夏子孙的情感纽带,龙文化在中华民族集体的普遍认同下,深深地融化在中国人的意识中,并成为国家统一的象征。

(三)维护民族的生生不息和持久团结是爱国主义的一个重要目标

维护民族的生生不息和持久团结这一目标的实现,其关键所在就是中国人对华夏族的自觉认同。华夏族是汉民族的前身,"华夏"在历史上被作为中原地区民族的特指称呼,中原地区以外的民族则被称为蛮夷戎狄。大概周代开始,华夏族体不仅涵盖共同尊奉黄帝为始祖的夏、商、周三族的"华人",还涵盖了被华夏化了的戎人、狄人和夷人。春秋战国时期,中原地区的华、夷逐渐走向一体,内迁的外族被华夏族吸收、融合。随着诸侯争霸,华夏族与周边各族的融合趋势进一步加强。秦朝的建立,实现了中华民族历史上第一次以华夏族为核心的大规模的民族融合。

汉承秦制,不断开疆拓土,许多民族被纳入同一国家版图。魏晋南北朝时期政权分裂、战乱频繁,中原周边各族对华夏族的认同感和归属感逐渐产生,并成为中华民族历史上第二次大规模民族融合的内在推动力。这一时期,北方的匈奴、鲜卑、羯、氐、羌等外族进入黄河流域,纷纷建立政权,并宣称自己和汉族有着共同的祖先。辽宋夏金元时期,各族人民的自我意识和民族认同进一步加强,特别是元朝初期,契丹人、女真人和西夏人已经基本丧失了本民族的特点,与汉人完全融为一体,汉族进一步壮大。在一统中国后,明太祖朱元璋提出:"朕既为天下主,华夷无间,姓氏虽异,抚字如一。""华夷本一家"的思想从国家的高度被大力倡导。清人入关宣告"满汉一家"的政策,使得清王朝时期成为中国历史上民族融合的顶峰,不仅实现了满族与汉族和其他民族之间的大融合,而且边疆各民族之间的融合也有所加强。各族人民在辗转流动与交错杂居的过程中,经济、文化、语言、服饰、姓氏、习俗乃至宗教信仰等方面的差异不断缩小,以汉族为主体的民族融合趋势贯穿着整个中国历史的发展进程。在民族融合中,各民族对中华文化"和合"精神的认同不断上升为民族意识,内化为民族心理,凝聚为民族情感,固化为民族传统,并升华为最具内聚力的民族认同。这种民族认同的心理倾向外化为政治一体观,强调中华民族在政治上是一个不可分割的整体,各民族是统一在"中国"这个大家庭之中的。因此,在我国古代历史上,外族进入中原地区以后,都要建立中央政权,建立一个以汉族为主体的包容其他各民族的统一国家,客观上推动了中华各民族政治上统一的最终实现。由以上分析可以看出,共尊华夏族的民族认同心理使得中华民族凝聚成为一个不可分割、牢不可破的大集体,为维护国家统一、反对民族分裂提供了思想基础。

## 第二节　当代大学生爱国主义教育现状

分析当代大学生爱国主义现状有助于提高大学生爱国主义教育的实效性,通过分析当前爱国主义教育的主要成就、面临的主要挑战、教育中存在的问题等方面有助于针对性地提出解决的方法。

### 一、大学生爱国主义教育的主要特征

由于大学生的接受特点和高校教育的独特性,同社会其他团体和群体的爱国主义教育相比,大学生爱国主义教育具有以下特征。

#### (一)较强的双向互动性

在高校爱国主义教育实施过程中,教育者与大学生应当平等互动和交流,通过

生动活泼的教育形式达成共识。

(二) 多元的复杂性

一方面高校重视大学生的理性爱国教育,避免大学生盲目冲动;另一方面又要防止"理性过度",压抑大学生爱国热情的释放。一方面社会影响大学生积极或消极的爱国认同,另一方面大学生的爱国认同又对社会产生积极或消极的影响,两方面呈现高度的相关性和复杂性。

(三) 广泛的社会开放性

在全球化背景下,社会开放程度大大加深,社会舆论环境更为复杂,新媒体空前发达,大学生不满足于仅从学校获得信息,他们可以更直接和快捷地获取各种社会信息,这就使高校爱国主义教育呈现出广泛的社会开放性,同时也对高校爱国主义教育的系统性、时效性提出了更高的要求。

(四) 鲜明的时代性

大学生是对时代发展反应最敏锐、行动最积极、最具时尚性的群体,高校爱国主义教育应该贴近时代、贴近学生、贴近生活,应用新方法,补充新内容,立足中国,面向世界,谈天说地,体现出和平发展的时代特征。

## 二、大学生爱国主义教育面临的主要挑战

(一) 经济全球化带来的挑战

经济全球化已成为当今世界一个不可逆转的潮流,是世界上各个国家在制定内外政策时都不能忽视的外部环境。经济全球化为世界经济的繁荣带来了机遇,创造了条件,同时也使世界经济的发展面临着前所未有的风险与挑战。综合来看,经济全球化给大学生爱国主义教育带来的挑战主要是民族认同危机。

民族在这里是指"中华民族"这个关于中国各民族的总称。民族认同是指人们在心理上对本民族产生的一种认同的价值取向,是一种民族自我意识,这种自我意识是人们在长期的民族共同体生活中形成的,是人们对本民族的一种归属感和主体意识。在国家综合国力中,民族认同力是重要的构成部分,同时也是国家软实力的重要标志。自改革开放后,经济全球化不断发展,在西方价值观的冲击下,一部分人在关于民族认同方面产生了危机,主要表现如下。

第一,爱国情感淡化。经济全球化在很大程度上使国家和民族的界限发生了一定的模糊性,这就导致人们的国家意识变得弱化起来。"世界成了'地球村',各国都是这个'村庄'的一个家庭,一个成员。"且由于经济全球化的影响是多方面

的,它在经济、政治、文化、法律社会等方方面面都对人们的思想产生了影响和冲击。在这种情况下,大学生的思想受到的冲击更是巨大。因此,部分学生认为,由于世界都成了一个紧密联系的整体,因此对于国家的热爱可以不用再那么强,否则是狭隘的表现;也有的学生因为眼界打开了,在感情上却对传统文化的感情淡化了,认为国外比国内好;也有部分学生以敌之长攻己之短,由此对国家产生悲观失望之情,只想着以后工作多赚钱然后向国外移民等。这些都体现了大学生的爱国主义情感淡化。

第二,民族意识弱化。民族意识是指一个民族在长期的共同生活和历史与地理环境的基础上形成的一种"综合反映和认识民族生存、交往和发展及其特点的社会意识,其实质是对自身民族生存、交往、发展的地位、待遇和权利、利益的享有和保护"。其中一个重要的表现就是"维护本民族利益与尊严和实现本民族发展与繁荣的群体愿望和民族感情"。民族意识也包括国家意识。由于经济全球化的不断深入发展,西方一些国家通过种种手段如经济、政治、文化、军事、网络等,在对本国利益进行维护和扩张的同时,也不断对我国进行意识形态方面的渗透,大学生由于辨别力不够高,在文化生活等方面容易受到享乐主义、个人主义等价值观的冲击,进而弱化了爱国主义观念和民族意识。

第三,文化认同减弱。文化是一个民族的血脉,它是人们的精神家园,是一个人的发展之"根"。文化认同是人们在长期的社会生活中所形成的对本民族文化的一种肯定性价值判断,对本民族的基本价值的认同是文化认同的核心。文化认同包括两个方面,一是对传统文化的认同,二是对现代文化的认同。中华民族在历史发展中形成了博大精深、源远流长的中华文化,我国人民在长期的社会生活中有着共同的历史记忆,对传统文化进行不断的弘扬和发展,与祖国共命运,以"我是中国人"而自豪。但由于经济全球化的发展,科学技术的进步,文化思想的交流和碰撞,大学生受到的冲击使得他们对文化的认同也受到了影响。比如,现在的大学生对中国的传统节日如春节、元宵节、清明节、端午节、中秋节、重阳节等过得比较少,而对西方的节假日则比较看重,这在一定程度上反映了当前的大学生对文化的认同比较弱。

(二)市场经济带来的挑战

改革开放以来,我国经济运行机制由计划经济向市场经济转变。由此使得我国的经济、政治、文化和社会生活都产生了巨大的变化,这给当代大学生爱国主义教育带来良好机遇的同时,也带来了一些不容忽视的问题,是一种典型的"双刃剑"状态。综合看来,在市场经济条件下,利益格局变化、社会阶层变动和腐败现象突出等给大学生爱国主义教育带来了不利的影响。

(三)社会思潮带来的挑战

社会思潮是指"某一特定时期内在一定程度上反映当时的社会政治经济、思想文化状况,并适应相当一部分人的心理状况和要求,在社会上流传甚广、影响较大的以某种理论学说为主导或依据的思想倾向和思想潮流"。自我国改革开放后,社会的不断发展,西方的文化思潮传入我国,呈现出"多元、多样、多变"的特点。大学生爱国主义教育受到一些不良社会思潮的影响,主要表现在以下几个方面。

1. 资产阶级自由化思潮的冲击

资产阶级自由化,最早是由美国国务卿杜勒斯针对我国实行的"双百"方针而提出的,他在20世纪50年代一次国策声明中提出"美国的政策是要促进苏联东欧国家自由化,中国是否能实现西方所要的自由化,还要观察"。这里的"自由化"就是指资本主义化或自由主义。总的来说,资产阶级自由化的实质是反对社会主义,提倡资本主义,核心是反对中国共产党的领导。

资产阶级自由化思潮对我国大学生爱国主义教育产生的不良影响,主要表现在:对大学生的爱国情感有侵蚀作用,对大学生的价值取向和理想信念都会有不同程度的腐蚀作用。

2. 虚无主义思潮的冲击

虚无主义是指"一种对事物不做具体分析,无原则地、任意地否定一切的思想倾向和社会思潮"。虚无主义对一切标准和准则都否定,主要表现为以下几个方面。哲学领域表现为哲学虚无主义,哲学虚无主义认为,对事物的否定是完全彻底的,肯定和否定不是辩证的关系,两者是对立的关系,这就使得事物的发展没有基础性的条件。在历史领域表现为历史虚无主义,在历史虚无主义看来,历史发展没有规律性,气候、地理等因素对历史的发展和走向有着决定性的作用,个人对于历史起不到任何作用,这在实质上就是一种历史唯心主义。在民族问题上表现为民族虚无主义,民族虚无主义认为各个民族是一样的,民族之间没有差别,民族没有自身的特点,民族文化也不具有优势,甚至认为民族是不存在的。在政治领域表现为无政府主义和极端民主化,这种主义对阶级斗争、社会革命和国家权力持否认态度,反对一切统治和权威,崇尚自由、民主与平等等。总的来看,虚无主义是一种悲观主义,这会消解大学生的精神意志,受此影响,大学生会不思进取,不加奋斗,这对于国家和民族的发展是非常不利的。

3. 狭隘民族主义思潮的冲击

狭隘民族主义作为民族主义的一种表现形态,是指"在多民族聚居的国家和地区,在处理民族关系时只从本民族的利益出发,把本民族的利益和国内其他兄弟民族的利益和别国民族的利益割裂开来、对立起来的思想和行为",具有孤立、保守和排外的特点。狭隘民族主义在国家内部上,主要表现为大民族主义、地方民族主义和民族分裂主义;在国际关系上,主要表现为对外关系中的霸权、强权、偏见和其他不良情绪。在新时期,狭隘民族主义对于大学生爱国主义教育有非常消极的影响。第一,大民族主义和民族分裂主义不利于大学生形成华夏民族整体意识,不利于各民族大学生的团结。第二,网络狭隘民族主义会使大学生爱国主义价值观发生误导,危害国家信息安全,不利于社会的稳定和发展。

(四)信息化带来的挑战

当今世界,信息技术的不断发展使得互联网在社会经济发展中发挥着越来越重要的作用。但与此同时,人们的思想观念、生活方式、生产方式等受到信息化的影响发生了巨大的改变。信息化既为大学生爱国主义教育提供了便捷、高效的机遇,也为大学生爱国主义教育带来了挑战,主要表现如下。

1. 大学生的国家观念受到一定程度的削弱

国家由领土、人民、主权、政权等要素构成,其中,领土与人民是国家存在与发展的基础,政权是核心,主权是灵魂。信息化时代,国家的存在与发展的条件都有了很多变化,大学生的爱国观念也被削弱,主要表现如下。

第一,大学生的价值观念受到冲击。当前,网络在大学生生活中成为不可或缺的组成部分,在网上,大学生可以了解时事,购物娱乐,表达自己的思想和情感、价值诉求等。一方面,在网络上,由于存在大量谣言和社会负面信息,在这种情况下,大学生容易受此不良影响,对党和政府失去信心,消解了大学生的爱国情感和责任意识。另一方面,少数发达国家通过发挥经济和技术方面的优势,对我国进行意识形态方面的渗透,使大学生在思想方面和价值观判断方面发生负面的改变,使得我国社会主义核心价值观的凝聚力被降低,大学生爱国主义教育的实效性受到不良影响。

第二,大学生的国家地域观念受到削弱。互联网使世界各国的联系日益紧密,在网络中,人们超越了时间、地域、身份的限制,可以自由地交流感情思想等。网络具有的这种即时性使得传统的国家疆界被打破,因此产生了"全球主义""超国家主义""世界趋同论"观念。在这种情况下,个别大学生认为人类进入信息社会,在网络中,人们可以环游世界,一个国家的公民也将会成为世界公民,其国家地域观念发生了巨大的变化。

第三,大学生的国家主权观念受到影响。国家主权是一个国家存在与发展的灵魂,具有两个明显的特点就是对内具有最高性与对外具有独立性。在网络中,西方发达国家利用信息技术优势对我国大学生进行思想渗透,使得一些大学生受此影响,其国家主权观念被削弱。

2. 对大学生爱国主义教育要素产生了一些不良影响

大学生爱国主义教育的要素是指组成大学生爱国主义教育的基本要素,包括主体、客体、环体等内容。网络是一把"双刃剑",在给大学生爱国主义教育带来机遇的同时,也带来了相应的挑战。

从大学生爱国主义教育的主体来看,网络的发展使得一些教育主体出现了无法适应的情况。一些教育主体在内心并不认同网络教育,在教育实践过程中对网络育人产生了排斥。一些教育主体虽然接受网络新媒体,但在实践中不敢对其进行应用。也有一些教育主体由于自身能力方面存在一些问题,在实践中不能很好地应用网络技术等。

大学生爱国主义教育的对象是大学生,在网络发展的过程中,有些大学生自身适应能力不够;有的大学生则受到网络中一些负面消息的影响,认为教育主体传播的知识无法解决现实中的问题,因而不认同教学内容;有的大学生则自控能力比较弱,沉溺于网络游戏等。

从大学生爱国主义教育的环境来看,包括方法手段与环境内容两个方面。一方面,网络给大学生爱国主义教育的方法手段带来严重冲击。大学生爱国主义教育的方法手段作为取得教育有效性的重要保障,有着自身的本质规定性,它是对大学生爱国主义教育本质规律的科学把握与自觉运用。与传统教育方法相比,网络以其信息的海量性、主体的隐匿性、交流的互动性、表达形式的多样性等优势改变了传统的教育模式,克服了传统方法的弊端,吸引着大学生的注意力,这使得传统大学生爱国主义教育的方法手段已经不能满足现实的要求,需要进行革新。另一方面,网络给大学生爱国主义教育的环境内容也带来了相应的冲击。以前,大学生爱国主义教育实践活动都在一定的政治、经济、文化、社会等宏观环境中进行,受到家庭、学校、社区等微观环境的影响,这些都是实实在在存在的。但网络的出现改变了这种状况,从先前的单一现实环境实现了现实环境与虚拟环境的双重叠加,情况更为复杂。特别是网络环境中消极负面的信息传播及时迅速,影响相对广泛,稍有不慎就会引发网络群体性事件,这给大学生爱国主义教育带来了严峻的挑战。对此,必须加强法律制度建设,抓好网络道德引导,净化网络环境,丰富网络教育内容,科学恰当地处理网络监管与网络自由的关系,使大学生在健康的网络环境中科学有序地表达爱国热情,抒发爱国情感,实践爱国行为。

### 三、大学生爱国主义教育中存在的问题

**(一)准备不足,研究不够,应对乏策**

对加强爱国主义教育的准备不足,研究不够,应对乏策。具体表现为:一是对乘着经济全球化的翅膀空降而来的西方的有害价值观认识不清,防范不力,部分大学生爱国主义观念异化、意识淡薄,而我们对此反应迟钝、准备不足,无所适从,应对乏策;二是改革开放以来,特别是在经济全球化潮起潮落之时,我们在一段时间内忽视了爱国主义教育,总体上看,仍然有相当数量的高校没有很好地贯彻落实,存在着打被动仗、力量分散、力度不大、方法手段落后、针对性和时效性不强等问题。

**(二)高校爱国主义教育跟进滞后**

高校爱国主义教育的跟进滞后于国家、社会发展进步的步伐,跟不上时代发展的速度。我国正处在和平发展,由大国弱国向大国强国过渡的时期,高校爱国主义教育没有及时跟进,缺乏对大学生进行大国强国的责任与使命的教育、大国强国国民心态的教育、和平崛起的中国与世界关系的教育、如何认识与维护国家核心利益的教育、怎样面对和平崛起过程中顺境和逆境的教育等。没有及时引导大学生提升爱国主义的境界,没有把建设生态文明、维护安全稳定等纳入爱国主义教育内容,没有树立理性爱国是更高层次爱国境界的标志。

**(三)大学生爱国主义教育缺乏独立的课程作为支撑**

大学生爱国主义教育归属于思想政治教育学的学科范畴之下,且不论这样的划分是否合理,在实际操作过程中也存在很多问题。因为在高校思想政治教育学的学科体系中,爱国主义教育没有独立的学科课程作为支撑,在实际操作过程中容易失去其独立的地位。由于大学生的爱国主义教育没有明确的学科课程作为支撑,爱国主义教育的理论性明显不足,只能凭借经验来认识理解和进行爱国主义教育,大学生难免对这种缺乏理论性和内在逻辑联系的爱国主义教育产生抵触情绪。所以,爱国主义学科地位的边缘化是影响大学生爱国主义教育实效性的最主要的原因之一。

**(四)泛政治化和经验主义倾向**

我国爱国主义教育中不但存在"泛政治化"现象,而且具有明显的经验主义倾向,不但在教育内容上以意识形态性代替爱国主义教育,而且在教育方法上采取"一刀切"的方式。在我国的国民教育体系里,从小学到大学的爱国主义教育无论

在内容上还是方法上都没有做到随着受教育者身心特点的变化而加以改变。我国国民教育阶段的爱国主义教育不但教学内容重复水平低，而且教育方法单调，形成一种集团化、规模化和"批发式"的教育方式，这样的教育方式虽然在一定程度上加强了爱国主义教育的可操作性，有利于教育者开展工作，却很难取得教育的实际效果。

(五)教育内容具有重复性

我国《小学生守则》第一条规定："热爱祖国，热爱人民，热爱中国共产党"；《中学生守则》第一条也规定："热爱祖国，热爱人民，拥护中国共产党，努力学习，准备为社会主义现代化贡献力量。"由此可见我国中小学都将爱国主义教育作为最重要的内容。传统的学科范畴中爱国主义教学缺乏具体的学科课程作为支撑，其教育内容缺乏必要的理论深度。大学生爱国主义教育内容的低水平重复现象十分严重，使得爱国主义教育流于形式，使大学生失去对爱国主义教育的认同感。

## 第三节　加强大学生爱国主义教育

如何加强大学生爱国主义教育，实现大学生爱国主义教育的有效性，是一个需要不断深入研究的问题，本书认为，可以从以下几个方面入手来加强大学生爱国主义教育。

**一、大学生爱国主义教育要坚持"三个结合"的原则**

大学生爱国主义教育必须在研究大学生身心特点的基础上，从培养道德品质的角度来展开，而道德品质的培养必须遵循知、情、意、行渐进发展，最终达到知与行的统一。

(一)常识教育与理性教育相结合

爱国主义教育作为教育的一个重要组成部分，不但要符合教育的普遍规律，还要具有自身的特殊规律。人在不同年龄阶段的思维模式、行为方式具有不同的特点，认识水平也各不相同。因此，对于青年大学生就需要将常识教育与理性教育相结合，引导他们运用所学到的知识进行思考，以科学的态度和方法分析和处理问题。

1. 根据大学生的个性心理特点，开展"诊断式"教育

现代教育理论认为每个智力正常的受教育者都是可以通过教育手段达到教育

目的的个体,这与中国古代儒家"有教无类"的思想不谋而合。在对教育者实施有目的的教育影响的过程中,必须坚持"因材施教"的原则。一方面是因为不同年龄段的受教育者具有群体性的差异;另外一方面,即使是同一年龄段的受教育者智力发育和接受能力相近,但不同的家庭出身、社会背景都会导致其爱国主义精神和行为的差异性。因此,在爱国主义的教育活动中可以适当引入这种针对不同的受教育个体的特点而展开教育的"诊断式"教育模式。在大学生爱国主义教育过程中,要针对他们的个性心理特点,有针对性地开展教育工作。

2. 根据教育的实际效果,调整爱国主义教育结构

"诊断式"的爱国主义教育模式可以针对受教育者的个体特点展开有针对性的教育,但在实际教育过程中会受到师资力量等教学条件的限制。因此,在现有条件下调整爱国主义教育结构、有效整合爱国主义教育资源也很重要。

首先,必须整合从小学到大学的所有爱国主义教育内容,要遵循由常识教育—知识教育—理论教育的渐进教学规律,在小学阶段对学生进行爱国主义基本常识方面的教育,在中学阶段进行比较系统的爱国主义知识的教育,在大学阶段重点应该放在引导学生做一个真正的、理性的爱国主义者。

其次,在教学方法上,在小学阶段进行爱国主义教育灌输的方法运用得多一些,中学阶段就应该采用直观教学和理论讲解相结合的办法,而大学阶段的爱国主义教育则应注重"知行统一",将学习文化科学知识与报效祖国相结合,使大学生的爱国主义从一种精神力量转化为自觉的行动。因此,针对不同年龄阶段受教育者的特点改变大学生爱国主义教育的方式、调整爱国主义教育结构是增强教育效果的必然选择。当然,这种结构的调整不是高校教育工作者所能独立完成的任务,需要所有教育工作者的参与和教育主管部门的统一部署。

(二)学校教育与社会教育相结合

爱国主义不但是一个具有意识形态意义的命题,也是一个思想道德修养的命题。在思想道德的培养过程中,必须遵循"知行统一"的原则,其中"知"主要表现为对爱国主义的内容、特点的了解和掌握,但是要将知识转化为行动不但要经历"知—情—意—行"的渐进发展过程,而且必须与社会实践相结合。因此,在大学生爱国主义教育过程中应该做到学校教育与社会教育相结合。

1. 与课堂教学相结合

在大学教育阶段,课堂教学是进行爱国主义教育的主渠道,因为课堂是集中传授理论知识、培养爱国主义情怀、培养分析问题解决问题能力的主要场所,因此,大

学生爱国主义教育必须抓住课堂教学这个主阵地。高校要制定爱国主义教育总体规划,以增强爱国主义教育的系统性和计划性。抓住课堂教学的主阵地有两个方面的内容:一方面,应该有专门的爱国主义教育课程;另一方面还要针对各学科特点和教材内容,将爱国主义思想渗透到各学科课堂教学的各个环节。在课堂上进行爱国主义教育要注意将爱国主义教育的理论内容和中国近现代史、国际局势与时事热点、优秀传统文化等内容融合起来,发挥爱国主义教育的整体优势。通过对国际国内形势、中国和世界历史发展进程的深入了解,增强民族自信心和自豪感。

2. 与校园文化建设相结合

建设体现社会主义特点、时代特征和学校特色的高品位校园文化,不仅是学校自身发展和社会健康发展的需要,更是大学生德智体美全面发展的需要。校园文化的人文环境建设,要以爱国主义为核心的团结统一、爱好和平、勤劳勇敢、自强不息的民族精神为主旋律,以学生的习惯养成为目标,充分发挥基层党组织、共青团组织及学生班级、社团组织的作用,以英模报告、专题讲座、文艺表演、图书阅览、校史展览、研讨会、摄影展等丰富多彩的活动,以及校训、校歌、校报、校刊、橱窗、广播等喜闻乐见的形式为依托,形成多层次、全方位的爱国主义教育大格局,抵制有害文化和腐朽生活方式的侵蚀与影响,激发大学生勤奋学习、遵纪守法、热爱生活、富于创造的爱国热情。

3. 与社会实践活动相结合

爱国主义教育不但是学校教育的重要内容,也是全社会对于青年一代的整体要求。爱国主义精神不但具有阶级性,还具有道德修养的性质,所以要在社会实践中引导学生通过"知、情、意、行"的渐进发展,最终使他们的爱国主义精神转化为自觉的行动。尤其是大学生在具备相当的理性认识和实践能力的基础上具有比其他年龄层次的学生更为强烈地参与到社会生活中去的愿望。要想充分调动大学生的学习积极性和爱国主义的自觉性,就应该积极开展社会实践活动。社会实践活动是大学生了解社会、增强爱国情感和社会责任感的重要渠道,具有不可替代的作用。

与中学生相比,大学生是趋向自我教育、自我管理、自我服务的群体,所以对大学生进行爱国主义教育必须考虑到这些因素,仅靠单一的课堂教育难以达到理想的效果。各高校应制定切实可行的社会实践保障机制,把社会实践纳入学校教育教学整体规划和教学大纲之中,规定学时和学分,提供必要经费并由专人管理和指导,使大学生在社会实践中进一步了解国情、了解历史,培养他们的爱国情感和社会责任感。

(三)国情教育与推进改革开放相结合

大学生爱国主义教育不但要扎根于中华民族的传统文化和悠久的历史土壤,还应该与国际国内形势相结合,在全球化的大背景下理解中国特色社会主义建设所取得的伟大成就,这样才能找到大学生爱国主义教育的现实支点。

党的十一届三中全会以来,我国社会发展出现了深刻的变化。首先,我国充分解放思想,摆脱了"两个凡是"的羁绊,回归到"实事求是"的思想路线;其次,我国客观地分析了国内形势,将工作重心转移到经济建设上来。经过40多年的发展,我国社会主义市场经济体制基本建立起来,各行各业取得了飞速发展。我国社会主义现代化建设所取得的成就和综合国力的增强得益于改革开放的基本国策。因此,我们必须引导大学生认识改革开放的重要性,将大学生的爱国主义教育和推进改革开放紧密结合起来,让大学生认识改革开放对于增强我国综合国力、提升国际地位、培育民族自信心和自豪感的重要意义。中国在改革开放的四十多年中的发展和成就体现了中国特色社会主义制度的优越性和强大的生命力。改革开放对于我国深化社会主义市场经济体制、增强综合国力、提高人民幸福指数具有决定性意义,这些辉煌的成就是我们对大学生进行爱国主义教育最好的、也是最直接的素材。因此,我们必须将大学生爱国主义教育和推进改革开放结合起来。

## 二、建议在马克思主义理论一级学科下设置"爱国主义教育学"二级学科

马克思主义在我国思想领域和社会生活中居于指导地位,在我们的工作中需要用马克思主义引领社会思潮,所以我们在大学生爱国主义教育过程中必须自觉地接受马克思主义理论的指导。马克思主义在指导中国革命、建设和改革开放的过程中所取得的理论成果是直接指导各项工作的指导思想。在马克思主义理论这个一级学科之下建立爱国主义教育学的二级学科能够在爱国主义教育过程中更好地接受马克思主义理论的指导,也有利于马克思主义中国化的理论成果在爱国主义教育中的运用和传播。这样的学科划分方式与将大学生爱国主义教育归入思想政治教育学这个二级学科之下相比,至少在接受马克思主义理论的指导方面与马克思主义中国化的理论成果联系得更加紧密。在马克思主义理论一级学科之下建立爱国主义教育学的二级学科,不但可以加强马克思主义对爱国主义教育的指导作用,体现大学生爱国主义教育的学科独立性,还可以使大学生爱国主义教育的内容更加丰富,有利于大学生爱国主义教育的开展和实效性的提高。

## 三、要对相关学科的理论成果进行吸收借鉴,树立开放的爱国主义教育观

传统的大学生爱国主义教育学科定位模糊、理论深度不够、可操作性不强,这

是影响大学生爱国主义教育实效性的根本性制约因素。对一门学科的目的、内容、对象、手段等内容的研究是一个渐进的逐步发展的过程。在这一过程中，我们应该集思广益，要善于吸收相关学科的理论成果，建立开放的爱国主义教育观，还应该根据时代的变化进行针对性研究，并在此基础上为爱国主义教育实践活动提供理论指导。爱国主义教育被归属于思想政治教育的学科领域之中，具有突出阶级性的特点，在新中国成立初期复杂的国际国内形势下，这样的做法在短时期内具有比较突出的效果，但随着思想政治教育学科研究的深入，这种做法的弊端日益显现。当前大学生爱国主义教育要求我们吸收多学科的理论成果，克服"泛政治化"倾向。

**四、大学生爱国主义教育必须形成社会合力**

(一)需要各级学校共同努力来克服爱国主义教育内容重复水平低的现象

虽然我国国民教育的各个阶段都将爱国主义教育作为本阶段的重要内容，但是不同教育阶段受教育者的认识水平和接受能力的差异性决定了不同教育阶段的爱国主义教育应有各自不同的重点内容。比如小学生的形象思维能力强于抽象思维能力，而且思维独立性不够，其家庭熏陶对于其性格培养和道德水平具有很大的影响力，因此讲故事、参观爱国主义教育基地等直观教育会有很好的效果；中学生开始进入"第二断乳期"，开始出现心理上的叛逆倾向，所以中学生的爱国主义教育需要从感性认识和理性认识两个方面入手，切忌简单化；大学生不但各项生理指标趋于成熟稳定，而且思维活跃，具有显著的理性化、自我意识等特征，这一阶段的爱国主义教育应该突出理性。因此，加强大学生爱国主义教育不是高校思想政治教育工作者单方面的任务，更需要在教育主管部门的领导下针对不同年龄阶段的学生的身心特点和认识水平来系统地编写从小学到大学阶段的爱国主义教育的教材，统一安排学时并加以落实。这应该是教育主管部门和各级各类学校的共同任务，仅靠高校的努力达不到良好的效果。

(二)需要多部门共同参与来提高大学生爱国主义教育的实效性

爱国主义教育是一项系统工程，要想解决大学生爱国主义教育水平低内容重复的问题，不但需要大学教育工作者加强大学生爱国主义教育的理论研究和学科建设，还需要国民教育不同阶段的教育工作者共同参与。

1. 加强学科建设和理论研究

中小学爱国主义教育的内容处在从感性到理性的发展过程中，而大学生爱国主义教育则应更加强调理论性。但我国的大学生爱国主义教育被归属于思想政治教育的学科体系之下,缺乏独立的学科支撑。而且由于"左"倾思想的影响,爱国主义教育中的"泛政治化"现象对大学生爱国主义教育的学科发展起到了限制作用。要从根本上扭转这一局面,需要加强大学生爱国主义教育的学科研究,需要有专门的人才从事爱国主义教育的理论研究工作,既要研究爱国主义教育与思想政治教育的共性,也要研究二者各自不同的特性。将爱国主义教育与历史、民族、宗教等学科联系起来,使之成为一门独立的学科,这需要从事大学生爱国主义教育和理论研究的人员共同努力。

2. 需要全体社会成员的共同参与

大学教育必须以中小学的教育成果为基础,文化教育方面如此,思想的修养方面也是如此。但是,在我国的国民教育阶段却出现了许多违背教育规律的现象。由于教育资源不足,教育发展不平衡,中小学阶段的升学竞争十分激烈,所以中小学教育强调文化素质而忽略思想道德素质的培养,很多思想道德方面的教育内容需要到大学阶段来完成。在身心发展的重要阶段,中小学生在钻题海、"做学问";到了需要钻研科学技术的大学阶段,许多大学生却缺乏为人处事的基本能力和必要的道德修养。这样大学教育往往需要承受难以承受之重,大学生爱国主义教育只能停留在低水平重复的阶段。要想从根本上扭转这一本末倒置的局面,一方面要求国家加大教育投入,为进行全面、深入的素质教育创造良好的大环境;另一方面需要全体社会成员从根本上转变教育观念,尤其是中小学教师和教育管理部门也应该承担起相关的责任。

# 第四章　加强大学生道德素质教育

大学生的思想道德认识和价值观念具有很强的可塑性,提升大学生的思想道德水平,加强大学生道德素质教育,对其道德素质进行必要的矫正与塑造,是一项涉及调查研究、教育理念、实践途径和多方互动的系统工程。

## 第一节　中华优秀传统文化与大学生诚信教育

目前诚信危机是全社会性的,诚信问题对社会发展危害加大。这种危机也正在步入校园,在大学生身上凸显出来,这于国家和社会对大学生的要求不符。大学生诚信危机的显露,给高校思想政治工作提出了许多诚信课题,研究和反思大学生诚信教育问题也就成为思想政治工作者的一项重要任务。

### 一、"诚信"是中华民族的传统美德

"诚信"是中华民族的传统美德,一直以来就有古训"人而无信,不知其可""民无信不立,政无信不威"。诚信主要指诚实正直,言而有信。诚信作为做人的基本准则,是社会公德的一部分。诚信既要思想认识上的端正,又要行为习惯的养成与积累。在复杂的社会环境中,每个人处于各种利益关系之中,处理好利益关系,做一个堂堂正正的人,需要内在的修养与素质。在社会中每个人都要对面诚信问题,诚信问题应成为社会关注的焦点,诚信品质的培养应成为学校教育的重中之重。

### 二、大学生诚信危机的表现

在当前大学校园里,不诚信的现象层出不穷。大学生群体暴露出诚信危机,主要表现在以下几个方面。

(1)考试作弊者较多,论文剽窃现象严重。由于大学中考试的重要性降低,一些学生也放松了思想警惕,不是积极备考,而是想方设法在考试中找捷径,甚至以作弊的方式来对待考试,有的学生还因考试作弊而被学校通报批评。而论文剽窃主要体现在平时的作业、期末论文及毕业论文中,学生自己不愿潜心钻研,将下载

的论文直接改名变成自己的,或只做稍微改动就上交,这些行为是一种不诚信的行为,是一种自欺欺人的行为。一些学生在心理上也认为自己的这种行为是不正确的,但鉴于大环境使然,也就随波逐流。

(2)拖欠学费和助学贷款。在大学中拖欠学费,不能按时还贷款也是一个常见现象。有的甚至在贫困生助学贷款中弄虚作假,学校对这些材料无法辨真伪,因此,会将一些浑水摸鱼的学生列入贫困生。

(3)制造虚假履历。大学生功利思想日益滋生,入党、评优等方面的动机不纯。有的大学生为了能够找到更好的工作,过分夸大自己的优点,掩饰自己的缺点,甚至是编造履历以获得用人单位的青睐,这些行为都是一种欺骗对方的行为,应引以为戒。

(4)网络中的不诚信。虚拟网络的发展,使当代大学生能更广泛、更快捷地获得知识,极大地改变了大学生的学习、生活习惯以及与外界环境交往的方式,同时,也带来了不少消极的影响和问题。网络的存在,形成了一个与现实社会不同的"虚拟社会"。在"虚拟社会"中,传统道德关于诚信的制约机制被弱化。大学生作为网络的主要应用主体,能否正确地使用网络,从一定意义上讲,取决于大学生个人的诚信品质。

### 三、加强对大学生的诚信教育

(一)大学生诚信问题的影响因素

大学生诚信问题是一个社会性问题,其影响因素是多方面的,既有家庭环境的影响,也有社会环境的影响。家庭环境主要是家人及父母的为人品质,这一点对学生有重大作用,因家人与学生关系亲密,互动频繁,所以,或教育灌输,或潜移默化地受到影响,其作用不可忽视。大学生在社会生活中,会遇到形形色色的人,各行各业的人对大学生的价值观念及行为方式也产生一定的影响。尤其是社会上不公平现象,制假贩假、人际交往中的欺诈等行为会给学生单纯的心灵留下污染,使其受到伤害或进行模仿,这些不良的社会因素应当受到重视。此外,学校的教育管理体制也与大学生诚信问题有关,如一些教师的品质道德对学生的影响不佳,存在对学生厚此薄彼、腐败做假现象等。这些都对学生的身心健康产生了影响。

(二)大学生诚信品质的提升途径

(1)开展诚信教育,切实提高大学生的诚信素质。在大学校园中,首先要加强诚信宣传,端正学生的观念认识。加强对学校中存在的不诚信现象的批判,树立良好道德模范,使学生向先进看齐。

(2)对作弊剽窃者既严厉批评,也要提供改过自新的机会,本着教育的目的与学生对话,避免其自尊心受到伤害,走向极端。在学校里端正学生的认识,才能使其步入社会之后,能够以更加高尚的品格为人处世,受到更多人的尊重,这样事业及人生路才能更加顺畅。在教育过程要深入学生内心,将学生心中的疑惑解决掉,使学生从心中真正认识到问题的存在。此外,学校其他部门要通力合作,深化教育效果,做到全面育人。

(3)通过网络思想政治教育,树立学生的良好品质。网络信息纷繁复杂,对学生的影响不容忽视,在加强学生网络教育时要着重加强学生的诚信教育,使学生在畅游网络时,既不对他人造成不必要的影响,也不受网络虚假信息、网络诈骗等的影响。

(4)建立健全诚信评价机制。诚信评价机制要有系统的方法和标准,如将大学生考试舞弊次数、逃课次数、信用卡违约次数等加入评价体系,运用这些标准来规范学生行为,使其在日常的学习和生活中潜移默化地接受诚信道德观念的约束。

诚信问题不容小觑,尤其是在社会主义市场经济大潮中,这种品质是立身之本,遵守契约、遵守法制是开展一切活动的根本,所以大学生要将诚信问题视为自身发展的重要问题,在长久的生活中,逐渐磨炼自身的这种品质。

## 第二节 中华优秀传统文化与大学生感恩教育

感恩教育应该从小抓起。对于大学生来说,感恩教育同样不可或缺。当前在大学生中开展感恩教育,具有很大的现实意义。

### 一、感恩教育的含义

所谓感恩,《现代汉语词典》解释为"对别人所给的帮助表示感激"。感恩教育,就是使学生养成感恩的意识和习惯,使其对他人、对社会、对自然常怀感激之心和致谢之情,并将学会感恩内化为个人个性品质的一部分。感恩教育既是一种情感教育,又是一种道德教育,更是一种以人性唤起人性的人性教育。

恩情是维系人与人之间良好关系、连接国与国、地区与地区乃至支撑社会的一个纽带。所以,社会中的每一个人,都应该心存感激。

### 二、感恩教育的内容

从施恩的角度看,恩情主要来自父母、老师、社会(他人)、党和国家、大自然等方面,因此感恩教育的内容设置必须充分考察上述几个主要方面对于感恩的必要性。

(一) 对父母养育之恩的感恩

母爱似海,父爱如山,父母的恩情深沉、厚重、广博。从牙牙学语到长大成人,父母给予了我们无微不至的照顾,他们的爱倾注于我们每一个成长瞬间。感恩父母的养育之恩、教育之恩在中外感恩文化中占有根本性地位,而我国传统文化更是重视"亲情"的封建伦理,重视孝道。对父母养育之恩的感激是道德实践的基点,只有认识到父母对我们的恩情并真切回报,才能发展到对他人、国家和社会等方面的感恩。

(二) 对学校和老师培育之恩的感恩

"礼有三本:天地者,性之本也;先祖者,类之本也;君师者,治之本也。无天地焉生?无先祖焉出?无君师焉治?三者偏亡,无安之人。故礼,上事天,下事地,宗事先祖,而宠君师,是礼之三本也。"荀子重视师长的作用,将其与天地、先祖一起视作礼义的根本。在社会主义阶段,尊师重教也是重要的道德规范和行为要求,它关系到一个国家的健康发展,关系到个人的幸福生活。尤其是在知识经济时代下,教师的引导对一个人的成长、成才至关重要,由此,感恩教师应成为大学生感恩教育的重要内容。

(三) 对社会和他人帮助之恩的感恩

个体成长于社会之中,无时无刻不与他人发生联系,感恩教育的内容设置应该将此涵盖在内。我们应感激每一个来自他人的善举,感谢他们在自己及他人遭遇困难时能够伸出援助之手,提无私的帮助,正是由于这些善举的存在,社会才更加美好。当代大学生的生活与社会关系紧密,培养这种对社会和他人的感恩之心,具有良好的社会氛围。

(四) 对党和国家再造之恩的感恩

祖国给予了我们成长的条件和基础,国家的长足发展为个体的发展及价值的实现提供了良好的环境。党为我们谋幸福,为我们创造幸福和谐的生活条件。

新时代的大学生,生活幸福美好,所以,应将党和国家的恩情牢记心间,树立报国之志,为祖国的繁荣富强贡献力量。

(五) 感谢自然环境的赋予之恩

自然环境是我们赖以生存的空间。空气、水、居住条件等这些都是我们生存所必需的。我们的吃、穿、住、用、行等日常生活中的一切的基础都是自然环境,所以我们要感恩自然。由于当前人与自然的矛盾尖锐而突出,人类对自然的过度开发,造成生态破坏和环境恶化,感恩自然的最好方法就是合理利用资源,保持生态健康平衡发展,保护大自然。

### 三、感恩教育过程中应该注意的问题

第一,感恩教育要注意发挥教师的示范作用。身教会有更大的感染力和说服力,教师在教书育人的过程中要注重发挥自身的示范作用。教师应加强自身素质修养,为学生树立做人的典范,尤其是在感恩方面,要负担起对自己父母、对社会、对国家和党、对自然的责任,并在教育教学过程中关爱每一个学生,特别是对那些学习有困难或有不良品行的学生,用真诚感动他们,激发他们的感恩之心。

第二,感恩教育是全员过程。感恩教育关系到亲情、社会、国家、自然等多个方面。所以,家庭、社会等都应承担起相应的责任,形成协调一致的教育网络。这样大学生才能处处感受到温暖,心间时时充满感激。

第三,感恩教育应讲究方式方法。感恩教育不仅是一种认识活动,同时也是一种情感活动。它要求教师在教育过程中做到以理服人、以情感人、情理交融、感人心灵,让学生在不知不觉中受到教育,使其在情理交融中实现自我更新、自我完善。

第四,感恩教育要循序渐进地进行。一方面,知恩、感恩是一个需要长期坚持的事情;另一方面,在继承传统美德的基础上,感恩教育要随着时代的发展不断创新,不断丰富,从而使学生树立起积极的人生观和远大的理想,为将来顺利融入社会打下基础。

## 第三节 中华优秀传统文化与大学生修身教育

所谓"文明修身"就是在日常生活中根据特定的社会道德规范和伦理原则,进行自觉、自律的品德修养,进而达到尽善尽美的文明境界。从理论意义看,文明修身教育体现了马克思主义关于人的全面发展的基本理论,彰显了我国儒家传统的修身思想。从实践意义看,文明修身教育抓住了部分当代大学生自律性差的薄弱环节,具有针对性,传承了为人师表的示范精神,具有教育性,创新了高校德育工作的理念、思路和方法。

### 一、我国传统文化中对修身的论述

中国古代思想家很重视关于人自身以及人与人之间关系的学问。如果说西方

思想家更多地把眼光投向自然界、向自然界开战的话,那么,中国古代思想家则更多地把眼光投向人的内心世界,注重人的内在修养,即所谓前者更在意"外求",后者更注重"内省"。因而,在中国教育史上,人的思想修为便成为重要的探讨领域。虽然没有专门术语与论著来讨论这个问题,但关于这些方面的思想是很丰富的,更不乏许多精辟的见解。

(一)重生与修身

自原始社会以来,人类就对生、死、神灵等问题进行了思考,只是由于生产力水平低下以及人的认识能力有限,在对这些问题的认识上还存在扭曲,将自然现象归于鬼神的意志,人类处于一种对生存状况无法掌控的状态。

随着原始社会的瓦解,中国进入奴隶制时期。那时候,生产力水平得到提高,生产工具得到改造,人们开始认识到劳动的价值,认识到自身的作用,对鬼神的崇拜程度也随之降低。虽然在进行重大活动之前,仍然会观察天象,听取天的旨意,但将天的意志和人的意志融合了起来。《尚书·皋陶谟》有"天聪明自我民聪明,天明畏自我民明畏"的句子,意思是说,上天从人的好恶角度实施奖惩。至春秋战国时期,文化思潮云涌,百家争鸣,各学派对人、国家发展等问题进行了深入思考,其中不乏一些有价值的见解。但比较而言,儒家的"重生"观念与"修身"精神影响最大,且源远流长。

古代的"重生"观对儒家有很大影响。这种思想首先体现为"人贵于物"的思想,《孝经》引孔子的话说:"天地之性人为贵。"据《论语》记载,"厩焚,子退朝,问:伤人乎?不问马"。意思是说,当马棚失火了,孔子并没有问马是否有问题,而是问人是否受到了伤害,这在重畜轻人(五个奴隶抵一匹马加一束丝)的时代实际上是对人的尊重,是对人价值的一种肯定。孔子还极力反对活人殉葬,体现出儒家的重生观念。

汉代董仲舒认为人与天相通,人具有天的灵性,所以,人区别于一般的动物,并且要高于动物。宋明理学家也强调人的价值,尤其是重视人才的作用。南宋的陆九渊说:"天、地、人之才等耳,人岂可轻?"

正是因为有"重生"的意识,才发展出"养生"的重视,"养生"是人更好生存的途径。"养生"主要体现在两个方面,一是在饮食起居方面的调整,即要注重身体的调理,通过健康的饮食和生活方式确保身体的康健。二是要注重道德修养方面的修养,取得精神方面的和谐。儒家在论及养生时,多取"修身"一词而少用"养生"的说法,可以看出,其更加重视道德修养。儒家还论证了"德者寿""仁者寿",意即德高者得寿,仁慈者延寿。历代儒家与养生家对这一命题都有所承袭。董仲舒提出了"身之养、重于义"的说法。

道家也注重"养生",但道家更强调根据生命发展规律,达到保养生命、延年益寿的目的。儒家的"重生""修身"是积极入世的表现,其更加强调保养好生命去实现自己的人生价值和社会抱负,更好地去修身、齐家、治国、平天下,在国家和社会需要时,他们宁愿舍生取义。

儒家的生死观念是其修身思想的一个高度集中的体现,强调生要有价值,死要死得其所,这其中包含着为国家民族利益而献身的精神。正因为有这样的生命观和价值观,所以,在儒家教化中,注重民族气节、民族精神的培育。

中华优秀传统文化一直重视人的生命价值,重视身心的修养,我们应该积极汲取这些思想中的精华,把修身和养性并重。

(二)重德与养性

周朝以来,道德问题就一直是中华优秀传统文化的主要内容。人们重德、敬德,注重德性修养,并把人的德性修养看得高于一切,认为人之所以贵于万物,就在于人有道德。

对于德,不同的流派有不同的认识,儒家认为德的核心是"仁",人与人之间的基本道德规范就是和谐相爱,互帮互助,"己欲立而立人""己所不欲,勿施于人"等,这些都是做人的规范。"德"通常通过伦理规范表现出来,封建社会的"三纲五常",君臣、父子、夫妇之间的伦理道德,以及人与人相处中的"仁""义""礼""智""信"这是道德的规范。道家主张清静无为即为德,道家更注重人本真个性的保持,认为"得其天性谓之德",墨家主张"兼相爱、交相利"即为"德",墨家的"德"带有很强的功利主义色彩,认为人与人之间的相处要互相有利,这样关系才能长久。后世传入中国的佛家则主张多行善,多做有益于他人的事情,即积善行德,最终才能够达到美好的彼岸世界。

在我国传统社会,道德还被赋予了重要含义,董仲舒认为它是人神的独创,强调人精神性的一面,认为人应该是有情、有义,有道德的物种。朱熹提出"人与物异在仁义礼智"的命题,认为道德规范的存在是人区别于物的主要标志,将德视为人的本质。这一点背离了唯物主义的立场,陷入了一种抽象论,因为人是一种客观存在,具有物质性,人的本质是社会关系的综合。道德也是由这种社会关系决定的,并且道德随社会的变化而变化。在阶级社会中,人是阶级的人。

道德规范的约束力、规范作用的发挥,还需要靠人的践行,即在生活中不断"养性",儒家强调"重行"和"反思",注重对道德的实际践行,道德规范只有在不断的践行中才能成为德行,才能成为德性的一部分。孔子注重将德性修养与济世联系在一起,躬行道德规范的同时,要"修己以敬""修己以安人""修己以安百姓"。孟子所说的"行"与孔子有所不同。孟子认为人性本善,人生来具有四端"仁义礼智",只不过要在后天不断巩固发展,以形成良好的品性,后天挖掘提升的过程也是践行良好道德规范的过程。宋代朱熹也很强调"行"的重要性,但他更重视"知"的重要性,并认为"知"是"行"的前提,明代王守仁提出了"知行合一"说,强调道德的认识自觉性和实践性的关系,"知"主要指道德意识,"行"主要指行动,道德只停留在意识层面,不算是真修为,同样道德行为离不开道德认知的指引,二者互为表里,最终形成符合道德规范的行为。清代思想家颜元在道德修养方面也提出重"践履"、重"习行",主张"德性以用而见其醇驳",这是以行为("习行")之效果("用")作为检验"德性"之"醇驳"的客观标准的观点,接近于"实践是检验真理的标准"的思想,在思想史上是很有价值的。

儒家"养性"的主要方法是"内省""反思"。孔子曰"见贤思齐焉,见不贤而内自省也"。强调见到贤人要向他看齐,就要学习他身上的优点,看到不贤之人也要认真反思一下自己身上是否也有那样的缺点。同时孔子强调"吾日三省吾身",认为反省要保持经常性,只有这样才能深入反思自身缺点,改正自己身上的不良品行。

儒家"内省"透视出人之为人的高度责任心。人应该对自己进行约束,使自己的行为符合道德规范,通过对优良品行的学习和对不良品行的抵制,使自身形成良好的道德品质。

(三)重学与教化

中国古代思想家特别重视学习与教化。《论语》开篇语即为:"学而时习之,不亦说乎?"

孔子的学习思想十分丰富,对我国的教育发展做出了卓越贡献。这些思想包括:一是虚心好学,"三人行,必有我师"反映出孔子愿意向身边的人虚心请教,"敏而好学,不耻下问"也是孔子爱好学习,具有探究精神的反映;二是孔子主张以学为乐,认为"知之者不如好之者,好之者不如乐之者",真正以学为乐的人才能够对学习保持浓厚的兴趣,才能够博学;三是孔子认为学习应有的态度是"知之为知之,不知为不知",只有实事求是,才能保持谦逊的态度,才能够使自己不断进取;四是孔子主张学思结合,认为"学而不思则罔,思而不学则殆",学习和思考要结合起来,思必须以学为基础,学习后必须要进行一定的思考。孔子在强调乐学、博学的基础上,注重学习态度的培养和学习方法的修正,不主张死读书,读死书。

孔子的教育思想中值得我们借鉴之处还有很多。如"有教无类"的思想,主张对学生一视同仁,平等对待每位学生,并且认为受教育是每一个人的基本权利。孔子认为有"生而知之者",先天因素对一个人有很大的影响,但是后天的勤奋学习对一个人的素质也有重要的影响作用,所以,他提出六艺教学,即礼、乐、射、御、书、数,注重人的全面发展。智育、体育、美育、德育等不可偏废任何一个。这在生产力较低的年代,是对教育思想的一种开拓。

孔子之后,孟子继承了孔子的教育思想,并且更加重视教育的作用,认为教育是人区别于物,是贤与不肖相区别的原因,教育使人的天性得以发挥,对人具有重要的熏陶作用,教育使伦理纲常很好地延续下去。教育是社会秩序建立的基础和基石。孟子主张循序渐进的教育方式,对学生教育要扎扎实实,逐步推进。此外,孟子认为学习要专心致志,不为外物打扰,只有这样,才能够学有所成。

总体来看,儒家重视学习和教化,也将这一思想付诸了实践,如开办私学、游说讲学等,影响了当时乃至以后几千年人们的思想。但儒家的教育教学思想也存在片面性,如只重视人文学科,忽略自然科学的学习,只注重道德品行的陶冶,不注重生产技能的训练等,其教育思想和内容都比较保守,这是我们现在需要注意的问题。

(四)人格独立与人格平等

我国传统文化中注重独立人格的培养,孔子说:"三军可夺帅也,匹夫不可夺志也",即要求不能强迫个人放弃其志向。孟子提出做人要做"大丈夫",不为富贵、贫贱、强威所动,要勇于坚持自己的原则,不随波逐流。这里的大丈夫要求的就是要有独立的人格,能够主宰自己的意志。宋代的陆九渊"人生天地间,如何不植立",认为做人要做一个堂堂正正、正正直直的人,王夫之也提出"志之自立者,人也",提倡独立人格。

儒家在肯定每个人都有独立的人格价值以后,又进一步提出了人格平等的思想。孔子"仁者爱人"、孟子"人皆可以为尧舜"、荀子"涂之人可为禹"等都说明在人格面前,每个人都是平等的。

儒家关于独立人格与理想人格的思想对塑造人的主体精神与向上的人生态度具有积极的意义。但是其也过分夸大了道德因素的作用,忽略了经济制度与政治制度的影响,在制度不平等的社会中,人也不可能形成独立人格和理想人格。

总之,中国古代思想家关于修身的思想丰富绚烂,在进行思想政治教育过程中,应将这些思想不断发扬光大。

## 二、修身教育对道德形成、发展规律的借鉴

(一)道德认识的提高

所谓道德认识,主要是指人们对个人同社会和他人的关系,以及对一定社会或阶级用以调节这种关系的理论、原则和规范等的了解和掌握。从层次上看,道德认识可以划分为感性认识(如生活经验)和理性认识(如运用概念和道德判断等);从内容上看,无论是感性认识还是理性认识,都是为了要掌握道德观念和范畴(如善、恶、义务、良心、正义等)以及根据一定的道德原则和规范,对社会现实道德关系和行为(包括本人行为)的道德价值进行评价。

道德认识是学生形成和发展自身品德的认识基础。道德认识能够帮助学生形成道德的义务感,增强学生对善恶的辨别能力,提升学生的良知感。道德认识的形成主要是指道德观念、道德信念及道德评价能力的形成。道德观念是一个人对是非的基本判断,是对什么该做,什么不该做,社会提倡什么和批判什么的基本认识。只有树立正确的观念,才能形成良好的道德认识。道德观念的培育不仅在于明确社会规范,深入领会道德行为准则的要求,更重要的是能够将这些规范、规则进行内化,形成自身的道德需要。

道德信念是在道德认识的基础上产生的,是道德认识的深化,道德认识只是一瞬间或一时之间的观念,还不稳定,只有道德认识转化为道德信念,才能够具有稳定性和行为推动性。道德信念是对某种人生观及行为原则的笃信,是道德情感与道德意志的统一,在道德品质中居于主导和核心的地位。

道德信念的形成是一个长期的过程,非朝夕之间所能完成。所以,在引导学生道德信念的过程中,要认清学生的内在道德坚持,剖析其处于内心深处的人生观、价值观,端正其道德认识,增强其道德情感,使其形成坚定的道德信念。一要加强学生对道德理论的学习,使其对自身道德品质的形成发展规律有清晰的认识,增强其道德践行的自觉意识。二要积极地将理论付诸实践,将学生的道德理论知识在实际中得到应用,使道德认识及道德情感得到巩固与发展。

道德评价是对道德行为做出的肯定或否定的判断,其能力的发展是道德认识形成的主要标志。道德评价在日常生活中经常发生,甚至于人们无时无刻地不在进行着是非分析、道德判断,不断修正着自己原有的道德认知。道德评价对自身行为具有调节作用,正确的道德评价能够促使自身道德行为的养成与巩固。

学生的品德发展是一个从不知到知,从不成熟到成熟的过程。一般来说,初中阶段是品德成熟前动荡不稳的时期,到了高中阶段特别是大学阶段基本趋于稳定。

这样看来,提高学生的道德认识,初中阶段是关键。抓好这一关键期的道德认识教育,对学生良好道德品质的形成十分重要。

个体品德发展在大学阶段虽然趋于稳定、趋于成熟,但仍具有可塑性、可变性等特点,大学生思想道德观念仍较易受到外界因素的影响,学生中思想堕落、道德观念模糊的现象还时有存在,这些问题的存在说明大学生的道德观念还有待提高。因此,在教育过程中更要因材施教,提高学生的道德认识,要坚持正面教育和鼓励教育相结合,坚定学生向先进看齐的意志和信念。

(二)道德情感的培育

道德情感,是基于道德认识而产生的人类特有的一种高级情感,这种情感是在对道德关系和道德行为进行认识和评价的基础上形成的爱好或憎恶的情感态度。

道德情感是形成道德行为的催化剂。道德认识对人的行为的推动作用是有限的,而且其推动作用是巨大的。情感是一种稳定的、高级的具有巨大能量的推动力量,这种力量能够促使学生履行其应有的道德义务。

学生道德情感的培养要注意三个方面。一是要创设良好的环境,包括班级环境、宿舍环境、校园环境等,良好的环境具有潜移默化的影响作用,能够激发学生相应的道德情感,如班级荣誉感等。二是在培养的方式上,要注重引发学生的感情共鸣。教师要以身作则,为人师表,以情动人,做学生的良师益友,在讲述和评价道德行为时,应带有明显的情感倾向性,尤其在奖惩、褒贬时,应该态度鲜明,以激起学生的共鸣。师生情感的共鸣,能在学生情感上产生一种直接的感染力量。三是要激发学生对榜样的敬慕之情。要多宣传先进、弘扬典型,鼓励学生多接近优秀教职员工和优秀学生,引导学生去体验进行每一次道德活动所获得的愉悦和满足,以发展他们深厚的道德情感。

(三)道德意志的锻炼

所谓道德意志是完成道德行为的坚持力,它是在道德认识和道德情感的支配下,克服困难和干扰,笃行道德规范的一种精神力量。在道德意志的支配下,人们的道德行为才能够坚持下去。

在践行道德的过程中,会有诸多顾虑,如是否会给自身带来麻烦,是否会引来他人的评论、亲友的埋怨等,尤其是在歪风邪气中,要经受住错误舆论的非难,要坚持正确的做法,遵守道德的约束,所以,不论是和自己内心的顾虑做斗争,还是要和环境抗争,都需要道德意志。这是一种顽强的力量,能够帮助一个人克服各种阻碍和制约。

总之,任何道德履行的行为都不是畅行无阻的,其中肯定会因为各种因素而导致个人畏缩不前或半途而废。在与个人冲突、态度、观念、情绪抗争的过程中,道德意志发挥着重要作用。

坚持性和自制力是道德意志的主要特征,学生在这两方面,会因年龄及身心条件的不同而出现差异。一般来说,大学生比初中的学生控制能力明显要强。同时,在不同的集体中,由于集体的道德面貌不同,学生道德意志的控制力往往会出现两种截然不同的状态,因而其道德言论和道德行为的一致性也有差异。在良好的班集体里,学生能较为普遍地遵守纪律,自觉地支配自己的道德行为;相反,在较差的班集体里,违反纪律的行为十分普遍,明知故犯的现象十分严重。这说明建立良好的班集体,是发展道德意志的重要条件。因此,我们要根据这些特点,正确引导学生的道德意志。一是要严格要求创造优秀班集体。因为从学生道德意志的特点来看,一个优秀的班集体对学生道德意志的发展起着非常重要的作用。辅导员要确定集体奋斗目标,组织和培养优秀班干部,并有计划地开展活动,制造正确的舆论,培养优良的班风,以形成一个坚强的扶正祛邪的班集体。同时,辅导员在班集体活动中,要有意识地让学生在集体生活中磨炼自己的道德意志,如要求学生要严格遵守纪律,刻苦学习,勤勉上进,努力完成学习任务等。二是要培养学生的自我约束能力。教育者应针对学生的意志特点,培养他们的自我意识,使他们在行为上能自我认识、自我约束、自我克制,促进自制力和坚持力的发展。三是要根据学生的个性差异,因材施教。培养学生的道德意志应有针对性,要针对学生意志上的特点和个性差异,采取不同的锻炼措施。

(四)道德行为的培养

道德行为是履行道德义务的行动,道德行为也是衡量人们道德修养水平的重要标志。一个人的品德如何,主要得观其行。道德行为在学生品德发展中具有极为重要的作用,只有在履行道德规范的活动中,才能使学生的品德得到发展。

学生的道德行为习惯的发展与其世界观、人生观、价值观的萌芽、形成是统一的。另外,养成良好的道德行为习惯对大学生的品行修养具有重要的影响作用。

在对学生进行道德行为的培养中,一是要注重学生道德行为方式和技能的掌握,使其深入把握学生行为准则,深刻理解道德行为情境等,同时要注重学生道德智力水平的培育,使其对道德问题进行自主抉择;二是培养学生的道德行为习惯,通过提供榜样,或在生活实际中进行引导、批评、纠正其坏习惯,提高其与坏习惯做斗争的勇气和决心。

### 三、大学生修身教育的基本理念

**（一）以人为本**

以人为本是科学发展观的核心，是党中央以马克思主义唯物史观为指导提出的具有重大战略意义的思想观点，是马克思主义世界观和方法论的核心表征。作为意识形态的以人为本的发展理念，进一步丰富和发展了马克思主义的发展观，是党的宗旨在新的历史时期的时代表征，是党的执政理念的新飞跃，对我国社会主义经济、政治、文化、社会建设都有着重要的指导意义。毋庸置疑，对大学生修身教育也有着直接的、重要的指导作用。在当前贯彻落实科学发展观、毫不动摇地坚持和发展中国特色社会主义战略任务中，尤其是在大学生修身教育活动中，教育工作者特别要领会和运用以人为本的思想，坚持按照以人为本的原则引领大学生修身教育活动的发展。

首先，以人的方式把握和理解人。这是一种思维方式，它强调的是在看待外界事物和问题时，既要坚持历史的尺度，同时也要确立人的尺度，即把人看作一切事物的根据和本质，确立人的观念、意识和维度。对于大学生修身教育而言，确立人的尺度就是在认识、理解与自己进行交往的人时，不能仅仅把其当作一个外在物——一个独立于自身的实体对象，而应视其为一个与自己平等的、一样具有思想和个性的现实的人。

其次，肯定人的主体作用和地位。马克思在关于人及人类社会发展规律的集中论述中多次阐明，只有人才是历史的真正创造者，是推动社会发展的根本动力，是社会历史发展的主体。他强调要充分认识和尊重人的自觉性、积极性、能动性和创造性，肯定人在社会中的主体作用和地位。具体反映在大学生修身教育活动过程中，就是要认识到任何人都是自己命运的主宰者和规定者，在与他人主体的相互联系、相互交往中生成并实现自身的价值，从而形成普遍的主体意识。

最后，以人为立足点，尊重人、理解人、关心人、发展人。以人为本是一个内涵十分丰富的哲学范畴，其基点就是把"人"作为根本的价值取向和评价尺度，人既是出发点，也是立足点，更是归宿点。科学发展观明确把"以人为本"作为发展的最高价值取向，就是要尊重人、理解人、关心人，就是要把不断满足人的全面需求、促进人的全面发展作为发展的根本出发点。大学生修身教育，只有坚持以人为本，把具体的、现实的人作为"本"，以人为出发点和中心，尊重他人的自主性、能动性、创造性的实践活动，真正理解人是一切社会关系的总和的本质，在交往实践活动过程中进行对话与沟通，促进彼此间的相互理解、相互关心、相互帮助，才能在这种相互的影响中不断提升和完善自身的道德素质,最终"把人的世界和人的关系还给人自己",真正实现人与自然、人与社会、人与人自身的和谐发展。

大学生修身教育的人本化趋势具体表现为以学生为本,主要体现在以下三个方面。

首先,大学生是实践主体。大学生修身教育以人为本体现为以大学生为实践之本。在大学期间,学生还是应以学习为主要任务,将学习实践作为主要活动形式。大学生是学习的主体。大学生修身教育越来越注重将修身教育融入大学生的学习活动之中,目的是使学生更加明确学习目的和科学知识的价值;培育学生严谨治学的精神和不懈追求真理的志向,树立学生良好的职业道德和职业精神;全面提升思想道德素质,奠定学生日后良好发展重要思想的基础。在课堂之外,要积极引导学生参加社会实践活动,促使学生将所学习和掌握的科学理论知识用于指导和推进社会实践活动,使其在社会实践中受教育、做贡献、长才干。

其次,大学生是价值主体。"价值"产生于人们对待满足他们需要的外界物的关系中。价值以需要为中介,价值主体需要获得满足,价值客体是提供满足者。以人为本就要以大学生为价值之本。大学生修身教育更加注重引导大学生正确认识和满足自身的需要,实现自身的价值。大学生的需要和大学生的利益密切相关,既有物质利益,也有精神利益。在大学生修身教育的价值关系中,大学生是价值主体,其修身教育是价值客体。大学生修身教育要以学生利益及需要为出发点,开展权益维护教育,引导大学生合理维护自身的权益。除物质权益之外,教育工作者还更加注重引导大学生认识和满足自身的精神需要,提高学生的道德意识与道德判断能力、道德选择能力和道德践履能力,使学生形成高尚的情操;要加强心理健康教育,开展心理咨询活动,帮助大学生克服心理障碍,形成健全的人格。

最后,大学生是发展的主体。大学生修身教育以人为本还体现为以大学生为发展之本。促进大学生的全面发展和健康成长,是大学生修身教育的根本目标,也符合大学生的根本利益。大学生修身教育越来越自觉地为大学生的全面发展和健康成长服务。大学生修身教育的发展处于自觉发展与自发发展的交互状态,所以要正确对待这两种状态。自发发展是一种无自觉意识的发展,是在无科学成长规律指导下的发展,所以多具有自发性、盲目性。自觉发展则是在对发展的规律性有一定的认识,并能自觉运用这种规律性认识、指导和促进自己的成长与发展的基础上进行的。大学生修身教育要向自觉发展倾斜,通过对发展规律不断地深入了解和认识,形成自觉发展的知识基础和认识基础,克服发展的盲目性,增强发展的自觉性,进而不断健康成长。要重视教育和引导大学生正确认识和处理好片面发展与全面发展的关系。大学生素质的提升不单单是一项素质的提升,还是德、智、体、美诸方面素质的全面发展。要重视教育和引导大学生正确认识和处理好现实发展与持续发展的关系。现实发展是大学生要追求的,是大学生当前要努力的方向和目标,但也不可忽视大学生的可持续发展,大学生的可持续发展关系到整个人生过程。增强大学生自我持续发展的意识,克服发展的短期行为,以实现自身的可持续发展。

(二)生活育德

在真实的生活世界里,人们进行生产实践和人际交往,彼此相互依赖、相互需要,产生了诚实、守信、平等、互助等道德观念,并逐渐成为个人品性的一部分,最终形成个体相对稳定的道德品质,并在生活世界中得到发展和完善。也就是说,大学生修身教育只有回归现实的生活世界中才具有其本真的意义。

人总是处于一定的社会关系之中,不断地与他人发生关联。一个人的生活世界受其交往范围、生活观念、社会地位等的影响,并且随着自己生活实际的变化其生活世界的范围也不断变化。个体生活世界的生成和展开,总是在主体自身特定的前提和基础之上进行的。大学生修身教育要面向生活,回归现实的生活世界中,就必须从主体的人的现实出发,视具体的情况而定。人们只有直面具体的、现实的社会生活,才有发展的生命力。这就要求修身教育活动过程,要在生活世界中展开,通过各种形式的生活实践活动,不断唤醒个体的道德意识,使其进行自我建构和发展。

在回归生活世界的过程中,我们还必须处理好大学生个体的主观情感与客观理性之间的关系。大学生修身教育是关于人的教育。柏拉图认为人的灵魂是由三部分组成的:人们用以思考推理的理性部分,人们借以表达喜怒哀乐等情感的激情部分以及人们用以感觉爱、饿、渴等物欲之骚动的欲望部分。理性和激情若被理性引导就会使人生放射光芒,若被欲望控制就会毁掉人的整个生命。可见,人的理性、情感和欲望并不是截然对立的,而是相互需要、相互渗透的。理性和激情(情感)对于人的道德素质、行为乃至整个生命而言都具有无可比拟的作用。

大学生修身教育中人的主体性发挥及其高尚的道德素质的形成,固然需要依赖人的理性,但片面强调人的道德理性,必然会导致大学生修身教育领域的工具理性主义,仅有道德认知、道德理性,而没有道德情感,就很难产生道德行为。作为反映人的整个精神价值追求的情感,主要是为主体的道德行为提供内在动力。因此,大学生修身教育也必须同时注重激发人的情感,用真情感染对方,从而激起其正确的道德观、人生观、世界观在情感上的共鸣。

大学生修身教育活动过程就是知、情、意、行诸要素的协调发展过程,它不仅是修身教育理性知识的传授、理性思维能力的培养,同时也是人在情感上的陶冶、意志上的锻铸,只有道德理性、道德情感相统一和融合,才能形成良好的道德行为。因此,大学生修身教育必须引导受教育者掌控和协调好自身的理性和情感之间的关系,既要运用理性的方式,提高其理性认识,也要运用情感陶冶、意志锻铸的方式,做到以情载理、以情明理、情理交融,在外部现实性的道德实践中完善其道德人格,培养高尚的道德素质。

(三)道德学习

道德学习与道德教育相对应,也是德育人性化的表现。强调"道德学习",更加注重学生对教育权利的运用,使其真正成为受教育的主体。道德学习强调在社会思想观念纷繁复杂、人们价值观念多元化的今天,德育应向人的生命、人的价值回归,认识到人是生长着、发展着、创造着的人,遵循人的成长规律进行人性化的教育,使学生自主地发展德性,以更主动地适应社会生活,进而提高自身道德素质。道德学习的人性化,最集中的表现是教育目的以人为本,人是教育的目的;道德学习的人性化还体现在教育过程内部基本关系的转换,体现为师生关系的转化、授受关系的转化。其主要表现为:学习者的主体地位凸显,教师处于指导地位,教师同样是道德学习者;师生之间关系平等,共同学习。

强调道德学习也是符合德育本性的。道德教育实质是教育者组织、启发、引导、帮助、促进受教育者自己学习,即让学习者自己认知、自己体验、自己思考、自己领悟、自己践行、自己创造。老师的教育活动,对学习者的德性成长与发展来说是不可缺少的外部因素,作为"条件",是起决定性作用的;但它不能代替学习者的内因、内在"根据"作用,即不能代替学习者自己的道德学习活动,不能代替学习者自己道德心理的内部矛盾运动,不能代替学习者自己认知、自己体验、自己思考、自己领悟、自己践行、自己创造;而且,外部的教育影响也只有通过学习者内部的心理活动才能起作用。道德"培养论"强调个体德性发展的外部作用,侧重对学习者的影响与控制;道德"学习论"强调学习者的内部作用,即强调学习者"自己运动",自主地发展德性。道德"培养论"把人当作消极、被动的教育对象;道德"学习论"突显学习者在德育中的主体地位和能动作用。因此,道德学习是自主育德、自我修养的过程,是学习者满足自我精神需要、提升精神生活质量的过程。

道德学习是全面性的学习。人处在多种社会关系之中,扮演着多种角色,因而贯穿一生的学习内容也必然是多种多样的。21世纪新的学习观认为"学会关心"应包括对人与自己、人与他人、人与社会、人与自然等各方面的道德关系的学习。

道德学习也是整体性的学习,即促进学习者完整的道德结构的形成,以促进人的整体素质的发展。人是物质与精神统一的生命整体。人是生理结构与心理世界的结合,王国维将"完全之教育"分成"体育"和"心育"。其中,"心育"中包括智育、德育、美育。由于人的德性被分成知、情、意三个方面,整体的德育也被分割开来,出现了主知的、主情的、主行的等不同的流派。道德教育应当是整体性的道德教育,现今作为道德教育的一种新的方式——道德学习,也应当是整体性的学习。这就是说,教育者应当实施"全人"教育,帮助道德学习者经历践行、体验、认知综合实践,从而实现知、情、行的整合,促进人格整体提升,包括理智的、情感的、道德的、心理的等方面整体的提升。因此,道德学习是大学生全身心投入的过程,是大学生"全人"的活动过程,也是大学生的生命活动、精神生活过程。

自觉的、积极的道德学习,是大学生自我实现、主动迎接社会变革的表现。大学生以主动积极的姿态,不断自觉更新自我,热情迎接未来。大学生在社会实践及学习中,不断摒弃落后的、陈旧的价值观念和行为方式,而代之以新的价值观念、思考方式、情感方式、行为方式,从而掌握自身持续发展和促进社会持续发展的主动权。道德学习最重要的不是了解一系列社会规范、道德原则,而是学习社会批判,培养自己的道德能力,特别是在多元价值并存的情况下,培养自己的道德判断能力、自主选择能力。

### 四、大学生修身教育应遵循的原则

**(一)坚持"重在实践"的方针**

中共中央印发的《公民道德建设实施纲要》指出:"公民道德建设的过程,是教育和实践相结合的过程。以活动为载体,吸引群众普遍参与,是新形势下加强公民道德建设的重要途径。"公民良好的道德观念、道德情感和道德行为的形成主要通过教育和实践两种途径。积极开展大学生修身教育要坚持实践途径,在道德实践中突出思想素质内涵,强化道德素质要求,将使大学生在自觉参与实践活动中陶冶情操,为修身教育工作取得实效奠定坚实可靠的基础。

道德素质形成、发展于社会生活实践。道德被创造出来,目的就是服务生活。道德素质最终是为了生活而服务的。大学生修身教育必须通过自己特有的方式面对生活,才能实现其自身的发展并发挥修身教育对现实的超越作用。

大学生修身教育的"重在实践"方针是提升大学生道德境界的重要保证。道德实践中注重学生道德素质的养成,包括道德认识的形成、道德情感的培育、道德意志的发展、道德行为的塑造等各个方面,其中以道德行为优劣为道德境界高低的重要标准。在从道德认识到道德行为的演变过程中,修身教育实践发挥着关键作用。一方面,认识主要来源于实践,实践才是认识产生的源泉,是认识发展的动力,在实践中体验道德要求,形成道德感,提升道德素质;另一方面,实践是认识的目的,是检验认识的标准,同时只有通过生动具体的道德实践,道德认识才能逐步升华为相对稳定的道德行为,达到知行统一的目的。道德建设应将理论与实践相结合、知与行相结合,引导人们积极投身于修身教育实践,在实践中不断提升自身道德思想境界。

(二) 集体教育和个别教育相结合的原则

1. 集体教育和个别教育相结合原则的依据

(1) 由社会主义学校教育的性质和目标决定

社会主义学校培养的大学生都应该是有中国特色的社会主义合格建设者和可靠接班人,是具有强烈集体主义精神的人。这就需要对大学生集体进行教育,也只有把大学生放入集体中,通过集体进行教育,才能培养出符合社会主义学校教育性质和目标要求的合格人才。大学生的活动和交往,大部分是在集体中进行的,集体在培养大学生思想品德过程中具有特殊的地位和作用,大学生集体内部成员之间相互学习、相互帮助、相互影响、相互教育,集体自身成为很大的教育力量。集体还为大学生的活动和兴趣爱好、个性特长的发展提供便利条件。集体的关怀、爱护和帮助常常成为后进者转化的内在动力。而集体荣誉感所产生的凝聚力更使每个集体成员共同激励和监督,共同提高和进步。

(2) 由大学生思想发展规律决定

大学生思想的发展是思想内部矛盾运动推动的结果。大学生思想矛盾既具有普遍性,又具有特殊性。矛盾的普遍性寓于矛盾的特殊性之中。就矛盾的普遍性而言,由于我们的教育目的、教育内容,大学生的基本情况都是相同的,因此,可以在大学生集体中进行普遍教育;就矛盾的特殊性而言,大学生中的普遍问题表现在不同大学生身上,常常有不同的形式、特点和程度上的差别,不同年龄时期的大学生也有不同的年龄特征。由于主、客观条件的不同,大学生思想政治状况也非常复杂,有的进步,有的落后,有的属中间状态;有的坚强勇敢,有的柔弱懦弱;有的热情奔放,有的冷漠孤僻。如果不考虑大学生的这些个别差异,都一律看待、一样要求、一样施教,是不可能获得好的教育效果的。因此,在对大学生进行修身教育工作时,要考虑每个大学生自身思想矛盾的特殊性,具体情况具体分析,针对每个大学生思想实际,进行深入细致的修身教育,采取不同的方法解决不同的思想矛盾,而针对性的个别教育往往会取得明显的教育效果,并对集体教育发生积极的影响。

## 2. 贯彻集体教育与个别教育相结合原则的要求

贯彻集体教育与个别教育相结合原则的要求是：

（1）培养教育好大学生集体，并发挥其教育功能

培养集体是依靠集体，通过集体进行教育的前提和条件。要重视建立健全大学生集体，进行精心的组织和培养，使其具备共同的奋斗目标、坚强的领导核心、健康的集体舆论、严密的组织规律、优良的传统作风，成为能够吸引大学生的朝气蓬勃、团结友爱的战斗堡垒。集体一旦形成，就能发挥其独特的教育功能，成为大学生修身教育工作的依靠力量。思想政治教育工作者应该重视大学生集体，关心大学生集体的成长，指导和帮助、开展集体活动，教育每个大学生关心爱护集体，引导集体朝正确的方向发展，不断提高集体的自身教育能力。

（2）重视发挥大学生集体在教育中的作用

大学生集体不仅是教育对象，而且是教育的力量。在集体共同利益的要求和集体荣誉感、责任感的驱动下，集体成员之间就会相互激励、相互示范、相互比较、相互监督，促使集体成员共同进步。因此，要重视发挥大学生集体教育的作用，通过有计划、有目的的集体活动教育每个大学生，使他们身上的优点和长处得到肯定、巩固和发扬，缺点和短处得到否定、抑制和克服。大学生干部和积极分子是大学生集体中的活跃因素和可靠力量，应充分发挥他们在集体教育中的积极作用。要通过集体的制度和活动，来教育、陶冶每一个大学生，使他们成为具有集体主义精神、团结友爱和良好作风的集体成员，人人自觉地为实现集体的共同目标而严格要求自己，热情帮助别人，人人做思想工作，大家共同进步。

（3）进行个别教育，把集体教育和个别教育结合起来

要注意处理好集体与个人的关系，在集体中做到既有集中的要求和活动，又有个人的独立思考和活动交往，不用过多的集体活动来限制和压抑大学生个性的发展。要处理好集体教育与个别教育的关系，对大学生集体的普遍性问题提出有共性的统一要求，教育集体中的每个大学生按此要求来调节支配自己的思想和行为，依靠和通过集体教育个人。同时，又要针对每个大学生的个性特点和特殊性问题提出要求，进行个别教育。通过个别大学生的教育成果来推动集体教育，使集体成员都得到提高。只抓集体教育，不抓个别教育，会使教育工作一般化，不能起到教育个别，巩固集体的作用；只抓个别教育，不抓集体教育，也常常会使教育工作陷入被动，忙乱无所适从，不能很好地教育培养集体，也不能发挥出集体的教育作用。因此，集体教育和个别教育必须结合进行。

(三)身教与言教相结合,身教重于言教原则

1. 身教与言教相结合,身教重于言教原则的依据

身教与言教相结合,身教重于言教,这是党的思想政治工作的优良传统,也是大学生修身教育工作的重要原则之一。

(1)由大学生修身教育工作的特点决定

做大学生修身教育工作,一是靠说,二是靠做,也就是言教和身教。所谓言教,是指教育者通过说话、演讲、文章等宣传教育手段,做说服教育工作,对受教育者施加影响。所谓身教,就是教育者通过自身的行为、举止和实际行动,为受教育者做出表率,对受教育者发挥教育作用。对于受教育者来说,教育者的丰富学识、幽默语言、雄辩口才、机智言谈等言教固然重要,但是,如果这些言教与教育者的实际行为不相吻合,甚至相反,那么,教育者的言教就会成为夸夸其谈,被人讥笑。因此,教育者既要会进行言教,更要注意自己的身教,争取成为表率,以自己的模范行为影响和教育受教育者。教育者在做大学生修身教育工作时,必须身教与言教相结合,身教重于言教。

(2)由党的思想政治工作的优良传统决定

身教与言教相结合,身教重于言教历来是党的思想政治工作的优良传统。无论是革命战争年代还是和平建设时期,无数共产党人冲锋在前、退却在后,吃苦在前、享受在后,对人民起到了巨大的教育作用。在学校,广大教师教书育人,为人师表,"照亮别人,燃烧自己"的政治态度、治学风格、思想品德、言行作风,对大学生起着潜移默化的教育影响作用。许多思想政治教育工作者都能够做到严格要求自己,教育别人做到的,自己首先做到,教育别人不做的,自己首先不做,很好地起到了率先示范作用。大学生修身教育重视坚持身教与言教相结合,身教重于言教的原则,既是对我党思想政治工作优良传统的继承和发扬,也是做好大学生修身教育工作的重要条件。

(3)大学生修身教育工作对自身的要求

大学生修身教育工作是群众性、民主性、实践性很强的工作。"打铁先得自身硬""喊破嗓子不如做出样子",思想政治工作的威信,主要根源于思想政治工作者的以身作则,率先示范,这样才能有力地影响和教育大学生,并促进他们进行自我教育、自我提高,相互教育、共同提高。无数事实证明,身教是无声的却是很有效的思想政治教育工作。身教与言教相结合,身教重于言教,既是大学生修身教育工作具有战斗力、吸引力和说服力的保证,又是大学生思想政治工作者应当具备的基本品质。

2. 贯彻身教与言教相结合,身教重于言教原则的要求

贯彻身教与言教相结合,身教重于言教的原则,思想政治教育工作者就要以自己的模范行为为大学生做出榜样。这就要求思想政治教育工作者必须有良好的思想政治品德修养、扎实的知识和较强的能力,使自己在各个方面比教育对象强一些、高一些。"自己有一桶水,才能给人一碗水",自己懂马列、信马列才能宣传马列,使人信服地接受马列理论;自己是一个有理想、有道德、有文化、有纪律的人,才能将大学生塑造成为社会主义"四有"新人。无声的行动比漂亮的口号更起作用。思想政治教育工作者应注意以身作则,为人师表,就能使广大大学生心悦诚服地接受教育,提高觉悟,达到思想政治教育的目的。

**五、拓展大学生修身教育的方法与途径**

(一)发挥主渠道作用,扩展新路径

基于大学生思想状况的特点,修身教育要探索多样化的教育方法和途径,只有合理运用主渠道和多渠道的教育途径,才能使修身教育各因素协调发展,共同发挥作用,才能提升大学生修身教育的实效性,提升大学生的思想品德素质。

学校思想政治理论课是大学生修身教育的主渠道,大学生世界观、人生观、价值观提升的主要途径。着力完善思想政治理论课的主渠道作用,推进显性教育应当做到以下几个方面。

一是树立科学的教育理念。这是进行修身教育的基础和前提。教师教学行为、育人行为都受到教育观念的影响。在教学过程中,教师应树立的基本理念有以人为本理念、全面发展理念、科学化理念、改革创新理念等,在现代化教育过程中,更要树立素质教育理念。

二是加强思想道德教育。只有进行思想道德教育,学生才能对自己的行为有更加清晰的认识,对思想行为发展规律有更清晰的把握,加强大学生的思想道德教育,使思想道德观念升华为自身良好规范,增强其明辨是非、识别美丑的能力,使其成为具有良好道德品行的人。

三是建立健全规章制度。良好思想道德习惯的形成,不能只靠道德约束,规范、制度的力量也应该得到重视。高校应从学生思想行为的特点出发,将可行性强的规范形成制度,包括养成制度、考核制度和评价制度等,并在实践中不断对其完善和发展。

四是充分利用新媒体,拓展新方法。将信息化、自动化理念引入教育教学过程,充分利用网络平台宣传两课内容,丰富思政理论课的教学形式。同时加强新方

法的拓展,邀请校外专家学者到校讲学,提高大学生的理论水平和思想道德素养。

大学生修身教育在坚持主渠道的同时也应该注重隐性教育,拓展新路径,通过潜移默化的方式来引导学生思想道德品质的形成。思想道德实践活动是大学生修身教育的有效途径和方法,是大学生思想道德形成的基础和发展的源泉。

在大学生修身教育过程中,若没有学生实践的参与,教育的效果就不能得到巩固和强化。修身教育活动要积极引导学生参与实践,使学生学会正确地认识自己、客观地评价社会、科学理解时事形势,真正理解和感悟这些知识的价值和意义,从而内化为自己的行为准则。所以,应将修身教育工作的显性与隐性相结合,开展实践活动,把学生学到的思想道德知识外化到社会实践中,做到知与行的统一。

(二)全过程育人

"全过程育人"就是把修身教育融入大学生从入学到毕业的各个阶段,使修身教育环节紧扣,不留下盲区。这样的方法要求我们对大学生修身教育要"抓两头、带中间",即要加强对刚入学的大学新生及面临毕业的毕业生的教育,对中间阶段要注重巩固提高。在全过程育人中,要坚持贴近实际、贴近生活、贴近学生的原则。在不同阶段有不同的侧重点,保持育人的连贯性。

(1)入学阶段重点进行校风、校纪及理想信念教育。大学生初来乍到,要首先对学校有一个清晰的了解,包括校风、校规、校训、学校发展历史、学校课程设置等,在这个过程中,学校要分院、专业等。邀请领导、管理人员进行学校具体情况的介绍。尤其是学校图书馆管理人员要将书籍查询方法、学籍管理方法介绍给学生,方便学生查询资料;学校保安处要将学生在校安全问题进行详细讲解,提高其安全防范意识;教务处人员要将学生学籍管理、课程选修、学校奖惩制度给学生做详细的讲解,使学生对学习安排有一个大致的了解等。此前,大学生通过高考,顺利进入大学校园,成为国家重点培养对象,学校要树立学生的理想观念,使其对自身肩负的责任有明确的了解,鼓励学生进行大学生活规划和设计,这样才能在以后的大学生活中一步一步、有目的、有计划地实现自己的理想。

(2)培养阶段侧重道德养成教育。大学生的心智虽然较成熟,有一定的道德认知和价值判断,但其仍处于不成熟阶段,可塑性强。在大学生培养阶段,应当以思想道德养成教育为主,培养其良好的思想道德观念和行为方式。在大学生思想道德养成教育过程中,一是要重视环境的影响作用。优良的环境对学生思想观念有潜移默化的作用,所以一方面要强调学校干净、整洁、优雅的校园环境的构建;另一方面,要加强校园文化环境建设,使学生处于深厚文化的影响作用之下。二要强调思想道德实践的作用,使学生在实践中认识自身行为习惯及道德观念存在的问题,并通过生活实践进行良好行为的塑造。

（3）就业阶段重点进行职业道德教育。毕业就业阶段,大学生面临的压力加大,容易出现选择困难和一些心理问题。学校应积极通过讲座、讨论、模拟招聘和社会实践等活动,使大学生具备良好的职业道德、心理素质和社会适应能力。一方面要加强学生职业选择能力的培养,教育学生要做好应对挫折的心理准备,使其认清就业形势,合理进行职业预期,在职业选择过程中要扬长避短,选择自己擅长的职业,将自己的优势充分发扬出来。另一方面,要加强学生职业道德教育,在择业过程中,良好的道德品质是不可缺少的,学生品行端正、诚信择业才能给用人单位留下好的印象,才更有利于学生日后的职业发展。

构建高校基层"三全育人"新格局是大学生修身教育工作实践的指导,应不断加强这一格局的构建,不断提高大学生修身教育理论和实践水平,切实提升高校大学生修身教育工作的实效性。

(三)强化"三育人"

"三育人"指教师的教书育人、干部的管理育人和后勤系统的服务育人的统筹协调。大学生修身教育工作涵盖了教书育人、学生管理、校园文化、生活服务等各个方面,不仅需要专职学生工作干部和思想政治教师的参与,更需要任课教师、学校的各个管理部门、服务部门以及每一位教职员工的参与,是一个全员参与的过程。因此,学校的全体教职员工都负有育人的职责,都应主动思考自身工作与大学生修身教育所产生的直接或间接的关系,积极定位自身在大学生教育、服务、管理中所担负的育人职责,真正把大学生修身教育工作落到实处,服务于大学生的成长成才,形成全员育人的良好氛围。

1. 教书育人

教书育人一直是教师的神圣职责,教书强调的是知识的传授、技艺的指点,而育人更加强调的是大学生品德的培养,心智的开发,情操的陶冶及精神的架构。

教师通常是通过教书来育人的。教师是教学活动的组织者,是教学计划的实施者,在教学过程中起着主导作用。教师的教育教学水平对学生知识、技能的获得具有重要的影响作用。

在教书过程中,教的内容及教学进度及计划通常是由教学大纲规定的,这些内容又受制于当时社会历史条件的限制,是社会发展对人才培养的要求。但在教学过程、教学方法、教学模式等方面主要由教师主导,并且需要教师不断探索、创新。

育人也是教师的职责与任务,教书和育人是相辅相成的两个方面,二者相互促进,合为一体。育人的目标决定教书的内容、形式、目的等,而教书的质量影响育人的效果。在育人过程中,教师要树立"育人为本,德育为先"的理念,强调学生思想道德品质的塑造,关注学生的全面发展,从学生的实际出发,发展学生智力、培养学生能力,促进学生意志、能力、兴趣等非智力因素的发展,推进学生各方面素质的全面发展。

2. 服务育人

服务育人主要指学校服务部门和人员通过为学生提供良好的服务来对其进行教育的过程和方法。服务工作与学校教学工作、管理工作一样,是学校工作的重要方面。服务工作的服务功能和育人功能是相辅相成的,从育人的角度审视服务工作,才能发现其不一样的意义,才能激发其服务人员的工作积极性和责任意识。同时只有提供优质服务,才能保证其育人目的的实现。学生在每天的学习和生活中,都要接触服务工作人员,受其行为方式、言谈举止的影响,所以,服务人员要严格要求自己,使自己的行为符合文明风尚。

高校服务工作是学校教学、科研和师生员工生活的重要保障,能够为学生学习和生活提供可靠的物质保证,能够为学生的全面发展提供实践条件。高校要不断加强服务育人队伍建设,在完成服务工作的同时达到育人的目的。

3. 管理育人

管理育人与教书育人一样,是高校育人的一个重要方面和途径。任何管理都是对人的管理,都是引导人朝着一定的方向去努力,所以,做好管理的第一步,就是做好人的思想工作,使其接受管理传达的理念和规范。思想疏导通了,管理工作才能够更加顺畅。

大学生思想品质及良好行为方式的形成,要通过管理来实现,通过规章制度来约束学生行为,通过管理手段来建立良好的风气,这是管理育人的体现。

管理育人的途径主要包括学籍管理、校园秩序管理、宿舍管理、奖惩管理等。学籍管理是教育教学管理的基础内容,是学校管理的基点,包括学分管理、选课管理、考试管理、实践管理等,这些管理和制度能够对学生产生基本的规范作用。学籍管理具有系统性,贯穿于学生学习的全过程,能够使学生的学习更加有计划性。学籍管理具有强制性,考试不及格、未修满学分的、考试作弊的学生都会受到一定的强制措施或惩罚。校园秩序管理能够使学校教育教学工作处于良好的环境和氛围中,从而保证学校各项工作顺利开展。影响校园秩序的因素多种多样,主要包括校园文化环境、校园物质环境、学校办学理念及教育思想等,做好校园秩序的管理能够对学生起到潜移默化的影响作用。宿舍是学生基本的生活场地,其管理主要体现在舍风、卫生、设施的管理上,舍风是宿舍群体成员展现出的精神面貌、做事风格、人际关系等的总和,宿舍卫生是宿舍文明的一种表现,体现出大学生的文明修养,对宿舍卫生状况的监督与检查能够有效地提升大学生的素养。

管理育人要求工作规范化、科学化、民主化,要求形成规范的管理制度,需要学校各级领导、各级管理人员齐抓共管,形成科学、高效的管理制度。首先,通过建立健全规章制度,使学生明白什么该做、什么不该做,清楚了解学校的奖惩制度,树立起遵纪守法、遵守规章制度的思想观念。其次,将管理与深入细致的思想政治工作结合起来,管理人员要深入课堂、食堂、寝室等了解学生的思想动向,帮助其答疑解惑,并通过文明宿舍评选活动、体育文艺等集体活动培养学生集体荣誉感和良好的生活习惯;再者,要营造和谐、民主的教育氛围,管理学生不是一件简单、容易的事情,不能通过压制、强力来进行,要将学生放在一个民主平等的关系上,与其沟通交流,用自己的学识、能力、经验影响他们,通过自己的人格魅力来感化他们。只有这样,管理才能起到育人的作用和效果。最后,管理者要,引导学生自己管理自己,这才是学生管理最有效的方法。学生自己管理自己能够有效促进自己思想行为的转变,能够将良好的行为习惯付诸行动。

(四)创新大学生修身教育的方法

1. 以社会服务思想为引领,发展大学生修身教育社会工作方法

社会工作一直在西方发展迅速,学校社会工作是其中一种模式。这种模式兴盛于20世纪的美国,以家庭教师访问形式为开端,经历了个案工作,之后逐渐制度化,最后形成于一种模式。这种模式具有学校课堂教学所难以取得的优势和效果,其突出作用主要表现在对特殊学生的教育、对学生的深入了解上等。我国部分高校也开始尝试运用这种模式进行修身教育。

提供服务,以实际的参与实践来解决问题是这种模式的特征。这种模式与修身教育存在一致性,因社会实践一直是修身教育倡导的途径与方法,并且修身教育以服务学生为主要宗旨,这一点与社会工作的服务特性也存在一致性。运用社会工作模式,加强修身教育的育人作用,是一种新的探索与尝试。

首先,将社会工作的服务理念引入大学生修身教育中,以近距离、更贴心的服务,加强大学生的服务意识。

其次,要树立个体服务意识,将大学生群体教育与个体教育结合起来,并专门针对大学生个体开展工作。这就要求,一方面,思想政治工作者要充分分析大学生的个体差异,找出具体教育方法,使每个人的个性得到尊重。另一方面,可借鉴社会工作中小组工作方法,成立小组,以加强大学生之间亲密关系的构建,通过小组的力量和团队的合作,共同解决难题,共同成长进步。常见的方法就是通过问题讨

论、校外服务活动等方式,使大家在活动中加深对彼此的了解,通过相互学习和借鉴,学会彼此接纳和尊重,最终形成大学生良好的个性特征和道德素质。

最后,要借鉴社会工作的个案工作方法,以解决大学生遇到的实际问题。如通过访谈、网络交流、记录等方式缓解大学生人际交往压力、交往困难等问题。同时社会工作中的一些心理治疗模式也可被引入修身教育中,如相机调适模式、行为治疗模式、人本治疗模式等。

2. 以协同理论为借鉴,发展大学生修身教育的协同式方法

修身教育方法要向立体化、全方位发展。在我国,修身教育存在着"5+2=0"的效应,即学校5天的正面教育会被学生2天的社会负面教育抵消。所以,大学生修身教育要形成合力,除要进行学校修身教育外,还要加强家庭、社会教育,最终形成以学校教育为主导,家庭教育为主托,以社会教育为主线的格局,在学校修身教育中,还要形成"大学工"的工作理念,将相关学科的专家,如心理学、社会学等方面的专家、学者纳入修身教育的队伍中,以提高修身教育的实效性。

# 第五章　加强大学生创新素质教育

国家需要创新,民族也是需要创新的。人才是创新的源头,人才又起源于教育。2005年著名物理学家钱学森曾发出这样的感慨:"为什么我们的学校总是培养不出杰出人才?"钱老所说的"杰出人才"是指具有创新能力的人才。重点培养创新人才是21世纪中国教育的主旋律。

中国是有着五千年文明历史的一个国度,曾经创造出了举世瞩目的古代文明,这就充分地显示了中华民族优秀的智慧和卓越的创新才能。

## 第一节　中华优秀传统文化中开放进取的精神

中国的文化中蕴含着一种海纳百川、奔腾不息、勇往直前的博大精神,也正是由于这种博大、深奥的文化精神,使得中国的文化具有极强的生命力并能不断地进行一定的自我完善和改进,同时也使得中华民族经历重重磨难仍然屹立不倒。

中国文化可以说是一种开放型的文化,它能主动地吸收一切有利于自己的文化因素,排除那些不良因素,使自己不断适应新的社会形势,进而更稳定地生存与发展下去。

### 一、百家争鸣

春秋战国时代,是我国古代社会一个大变革的时期,深刻的社会变革反映到了具体的思想领域中来,"百家争鸣"的局面便出现了。关于对诸子百家的各个派别归类,司马谈论诸子各家时说:"易大传:'天下一致而百虑,同归而殊途。'夫阴阳、儒、墨、名、法、道德,此务为治者也。"

它的意思是说,《易传》中说,尽管天下的学术都分为很多种学派,各个学派之间思考方法也都各不相同,但归根结底来说,目的却是一致的,虽然各个学派走的路形式不一样,但是到头来,它们最终到达的是同一个目的地。

就阴阳学家、儒家、墨家、名学、法家和道德学家这六家而言,深入地研究如何能够把国家治理得更好都是它们所要共同去追求的目标。

刘歆《七略》的诸子各家分类略分为十家：儒、道、阴阳、法、名、墨、纵横、杂、农、小说。除去小说家不谈，所以称"九流十家"。即是说"九流"指"儒、道、阴阳、法、名、墨、纵横、杂、农"九家，"十家"则指"儒、道、阴阳、法、名、墨、纵横、杂、农、小说"这十家。

下面仅就主要的学术派别做一些相关的介绍。

(一)儒家

儒家是战国时期重要的学派之一，它以春秋时代的孔子为师，以六艺为法，崇尚"礼乐"和"仁义"，提倡"忠恕"和不偏不倚的"中庸"之道，主张"德治"和"仁政"，重视道德伦理教育和人的自身修养。其中以孔子、孟子、荀子为代表人物。与其相对应的代表作品有《论语》《孟子》《荀子》。儒家创始人孔子因对三代中原文化正统的继承，从诸子百家中脱颖而出。

因此，在诸子百家中，儒家学说的地位不仅显著，而且还成了中华优秀传统文化的主流、核心内容，相应程度上对中华民族精神的形成产生了无与伦比的影响。

事实上，我们可以说，儒家学说不但是华夏固有价值系统的一种表现形式，还是华夏民族的文化精华。它已渗透到中华优秀传统文化的每一根毛细血管之中，对于中国文化的每一个领域都产生了极大的影响。凡是从中国土壤里产生的相关学说思想、宗教派别，甚至是外来文化、外来宗教，都会涉及相关儒家文化的痕迹。

不仅如此，儒家思想对世界文化还产生了永久的影响，"东南亚文化圈"的文化构成模式基本上就是以儒学为主体的。对于东南亚的社会文明与进步起到了相应的推动作用。而且，随着历史的不断发展，儒家伦理正在逐步进入西方国家。

(二)道家

道家是战国时期的重要学派之一，又称"道德家"。司马谈说："道家使人精神专一，动合无形，瞻足万物，其为术也，因阴阳之大顺，采儒、墨之善，撮名、法之要，与时迁移，应物变化，立俗施事，无所不宜，指约而易操，事少而功多。"

它的具体意思是说，道家比较讲究个人修养方面，讲究在修炼时集中精神态度专一，对于在无形中运动与停止较为注重，讲求效法万物；在学术上，注重对其他各派的优点进行相关的吸收，具体有吸收了阴阳学家的顺应自然的变化，吸纳了儒家、墨家关于与人为善的理论，还吸收了名家、法家的主要精神。其学术的鲜明特点是：善于随着时代和事物的变化而相对应地变化。道家思想是立足于社会下层的学术理论，其理论适用于世间万物，其宗旨简洁明了，易进行操作，论述内容不是特别繁复，但对世人却能起到很大的帮助作用。

道家最大的特长就是"知变,因变,应变"。老子、庄子是其最具典型的代表人物。相对应的代表作品是《道德经》《庄子》。

老子创造的道家学理论基础是"道",针对宇宙万物的本质、本源、构成和变化都做了相关的说明。认为天道无为,万物自然化生,对上帝鬼神主宰一切极力否认,主张道法自然,顺其自然,提倡清静无为,守雌守柔,以柔克刚。"小国寡民""无为而治"是其相关的政治理想。老子以后,道家内部分化为不同派别,其中庄子学派、杨朱学派、宋尹学派和黄老学派是最为著名的四大派。

(三)墨家

代表人物是墨子,代表作品是《墨子》,墨家也是战国时期的重要学派,这一学派的学说基础是围绕"兼相爱,交相利"而进行的,在相关的政治方面主张尚贤、尚同和非攻;经济上主张强本节用;思想上提出尊天事鬼。

与此同时,墨家又提出"非命"的主张,着重强调靠自身从事。墨家的组织较为严密,大多数的成员是来自社会的下层之中,相传皆能赴火蹈刃,以自苦励志。其纪律严明:"墨者之法,杀人者死,伤人者刑。"

它的意思是说,墨家有着明确的法律规定:杀人的人要承担死刑,伤害他人的人也会受到相关严厉的惩罚。到了战国后期,墨家分为两支:一支注重认识论、逻辑学、数学、光学、力学等学科的研究,另一支则转化为秦汉社会的游侠。

(四)法家

法家也是战国时期的重要学派之一,法家主张:"不别亲疏,不殊贵贱,一断于法。"它的具体意思是说,不论关系亲密或疏远,身份高贵或低贱,只要是犯了法,都会依照相关法律规定进行处罚。也就是所谓的"天子犯法,与庶民同罪"。韩非、李斯是其代表人物。代表作品是《韩非子》。

韩非把商鞅的"法"、慎到的"势"和申不害的"术"综合了起来,达到集法家思想学说之大成。

其学说在经济上主张废井田,重农抑商、奖励耕战;在政治方面主张废分封,设郡县,君主专制,仗势用术,以严刑峻法进行统治;在有关思想和教育方面,则主张禁止诸子百家学说,以法为教,以吏为师。

这个学说为君主专制的大一统王朝的建立,提供了一定程度上的理论根据和行动方略。

(五)名家

代表人物是邓析、惠施、公孙龙和桓团,代表作品是《公孙龙子》。

名家的由来,是因从事相关的论辩名(名称、概念)实(事实、实在)为主要学术活动。当时人则称为"辩者""察士"或"刑(形)名家"。

(六)阴阳家

代表人物是邹衍。其得名是因提倡阴阳五行学说,并用它解释相关的社会人事。这一学派,当源于上古执掌天文历数的统治阶层。阴阳学说认为阴阳是具有力量的,是事物本身体现出的正反两种对立和转化,可用来对事物发展变化的规律加以说明。

五行学说认为万物皆由五种元素组成,包括木、火、土、金、水,其间有相生和相胜两大定律,可用以说明宇宙万物的起源和变化。

邹衍把二者的特征综合在了一起,根据五行相生相胜说,把五行的属性释为"五德",创"五德终始说",并以之作为历代王朝兴废的规律,为新兴的大一统王朝的建立提供了理论根据。

(七)纵横家

代表人物是苏秦、张仪。中国战国时期,纵横家属于谋士,专门从事相关的政治、外交活动。

战国时南与北合为纵,西与东连为横,苏秦力主燕、赵、韩、魏、齐、楚合纵以拒秦,张仪则力破合纵,连横六国分别事秦,纵横家便由此得名。

他们的相关游说活动对于战国时政治、军事格局的变化起到了不可估量的重要影响。

(八)杂家

吕不韦是其代表人物。其代表作品是《吕氏春秋》。杂家是战国末期的一个综合学派。所谓:"兼儒墨、合名法。""于百家之道无不贯综。"

它的具体意思是说,杂家主要综合了诸子百家的各方面观点,从而形成了自己的观点,其中的观点主要来自儒家、墨家、名家和法家。

(九)农家

农家因注重农业生产而得名。此派出自上古管理农业生产的官吏。他们认为农业是衣食之本,一切工作的首位应以其开始。其主张:"与民并耕而食,饔飧而治。"

它的具体意思是说,当官的不应自持身份,应该与农民一起下地耕种,推行自食其力,通过与农民一起生产、生活,付出劳动,来密切他们之间的关系,以此更好地加深对他们的了解,从而达到治理的最终目的。

（十）小说家

小说家，先秦九流十家之一，乃采集民间传说议论，借以考察民情风俗。史书记载："小说家者流，盖出于稗官。街谈巷语，道听途说者之所造也。"

它的具体意思是说，小说家产生于稗官之中，具体来说，就是那些古代专给帝王讲述相关的风俗人情、街谈巷议的小官，他们将自己从街谈巷议、道听途说中获得的材料进行一些相关的加工，从而形成自己的观点。

为国君提供明确、合理的政治方略，大都是诸子各家的基本宗旨。具体表现为：儒家主张以德化民，道家主张无为而治，法家主张信赏必罚，墨家主张兼爱尚同，名家主张去尊偃兵。

汉代以后，墨家和名家成为绝学，农家独立成一门技术性学科，阴阳家演化为神秘的方术。因此对后来大一统王朝政治产生影响的只有儒、道、法。在秦汉时期，儒道融合，综汇百家，"天下同归而殊途，一致而百虑"这一现象如实地反映了先秦百家学说精华相互包容荟萃的历史事实。

中国文化正是在诸子百家的基础上发展起来的，尽管部分相关的学派后来势弱了，部分学派后来消亡了，但是对于铸造中国文化方面来说，他们做出的贡献是不可磨灭的。

这里特别要提到的是道家。尽管在后来道家没有成为占主要统治地位的官方文化，但道家尤其是《老子》中的相关思想对中华民族的思想文化发展影响极大，可以说，《老子》五千言，上呈古代文化，下启近代之学，中国历史上各家学派，无不从其汲取学术思想养分。

## 二、地域文化的发展

中国疆域辽阔，各地区的自然条件更是千差万别，社会政治文化诸方面的发展水平也是参差不齐、差异较大，因此，古代中国又因区域文化不同形成了不同的格局，如齐鲁文化、楚文化、吴越文化、三晋文化，秦文化等相关的文化格局。而中国文化的包容性格又促使这些区域文化相辅相成，渐趋合一。

正是由于各区域文明的相互影响和相互作用，才使得中国古文明在多元、复杂文化因素的融合中不断发扬光大，并连续发展了两千余年。也就是说，中国的文化是在众多的区域性文化的基础上逐渐涵化而成的。

（一）齐鲁文化

确切来说，齐鲁文化不是一种单一形式的文化，而是经过齐文化和鲁文化的彼此融合最终形成的一种文化。西周初年,姜太公被封于齐,以治理夷人;周公被封于鲁,以拱卫周室。姜太公到了封地以后,实行开明的文化政策,"因其俗,简其礼"促成了东夷文化向齐文化的转变。

与之相反,周公之子伯禽到鲁地后,变其俗,革其礼,推行重农抑商的周文化,孔子的伦理道德思想便在这里开花结果了。两种不同的文化使齐国和鲁国的人文经济趋于不同的发展方向:齐国的社会风尚带有明显的工商业氛围,崇功利,轻伦理,文化风气开放,注重实用;鲁文化更多地表现出农业社会的文化特征,文化风气保守,因循周礼,不思变通。

战国时期,以孟子二度游学于齐为契机,齐文化与鲁文化开始融合。孟子长达十几年的时间都是在齐国居住的,齐学对他的学术思想起到了一定的熏陶作用。

荀子也兼顾齐学与鲁学,因而对于自己的儒学思想进行了一定程度上的丰富和完善,同时又通过相应的学术交流,把他的儒学思想在齐国文士阶层中传播开来。

在诸如此类的背景下,齐文化和鲁文化逐渐地趋于走向融合的趋势,共同构筑了山东人的齐鲁文化。而齐鲁文化的核心内容是儒家文化。

(二) 楚文化

楚于西周初年被周成王所封。因此,楚族源于中原,与中原华夏集团有着密切的关系。熊绎受封是楚立国之始,但到熊渠时,楚有了第一次扩张,它应是楚经济、军事实力有较大增长的反映,青铜兵器得到了比较普遍的应用。楚的社会形态也完成了由部落联盟集团的氏族社会到阶级社会的过渡。

春秋战国之际,楚国以江汉平原为中心,社会生产蓬勃发展,政治局势迅速改观。

到战国早中期,楚国在北面与中原诸国争雄,时有进退;西北、西南分别防御秦与巴蜀而主要是来自秦的威胁,以秦岭、巫山山脉相阻隔,并分别设立了汉中、黔中、巫郡等;东面是楚国发展相对比较顺利的方向,其军队多次出入齐鲁国境,并直至海滨,但战争频繁,建设难以连续持久;南面主要是"蛮夷"之帮,楚人沿洞庭湖两侧南进,直到五岭,这一区域基本没有大的战争,政局稳定,楚文明也得以持续发展。

鼎盛期的楚文化遗存,主要在江汉平原及楚国南部的今湖南境内发现,并向楚全境形成了一定的辐射。在楚国被秦国灭亡之后,楚国的文明也被秦国的文明所接受,与此同时并进行了相关的改造,在楚人亡秦的一系列过程中,楚文明有一部分得到了相应的恢复,随着西汉大一统中央集权的建立,楚文明融入更广泛、更深入的汉文明之中。

而且,楚文明无论是处于成熟期,还是处于鼎盛期以及衰退期,它在接受、包容其他文明为己所用的同时,也在对其他地方的文明产生一定的影响,这在其周边区域的文化遗存中都可以找到有关楚文明影响的影子。

楚文化的主要构成可概括为六大支柱:

(1)青铜冶铸;

(2)丝织刺绣;

(3)木竹漆器;

(4)美术音乐;

(5)老庄哲学;

(6)屈骚文学。

根据目前的相关考古成果来看,最先进的青铜冶铸、最早的铁器都是来自楚国的技术;先秦漆器的数量之大、工艺之精也都莫过于楚漆器;最富有创造力的丝绸刺绣以及先秦金币、银币无一不是楚国的事物。

不仅如此,在哲学方面值得提出的是老庄,文学方面有闻名世代的屈原,戏剧的鼻祖优孟,神箭手养由基,谈到有关于楚国方面的音乐、舞蹈、绘画、雕塑更是超凡脱俗。其中,举世公认的楚国编钟乐舞水平就是其中之一。

有关政体的相关创新方面,楚人的业绩更是值得赞赏,他们最早在今湖北荆门地带设立了相应的县制,并将其列为一级行政区划,使得贵族分封制度的局面得到进一步的改善,也由此相继引发了军事、土地、赋税等相关方面的改革。至于涉及天文、历法、数学等有关方面,楚人的贡献之处更是有其独特的一面。

总之,包括采矿、冶炼、丝绸、漆器等方面,楚人取得了举世无双的成果,而老庄哲学、骚体、宋赋也成为显学。

(三)吴越文化

吴、越二国史实见诸文献,始自春秋。吴王阖闾都于姑苏,越王勾践都于会稽。太湖地区属越文化的范围,而宁镇地区则是吴文化的中心。

西周时期,吴越文化的疆域泾渭分明。等到了春秋时期,宁镇地区的吴文化面貌就产生了明显程度上的越化,而太湖地区的吴文化因素也逐渐地多了起来。这在一定的程度上都说明了吴文化对越文化有大量的渗透。

春秋晚期,在宁镇地区,中原的因素明显减少,而越文化的因素则逐渐地增多,并最终占据了主导的地位。这就说明了越文化对吴文化进行了大量的渗透和同化。如此强烈的变革只能是越族人的入侵所为。

吴文化与越文化的相互渗透,形成了吴越文化。其主要的特征如下。

1. 海纳百川、兼容并蓄

便利又快捷的交通条件,造就了吴越文化与生俱来的开放、宽广胸怀。

2. 聪慧机敏、灵动睿智

吴越文化的产生和传承,在受到优越地理环境造化的同时,也是社会经济在发展过程中形成的结晶。吴越人民代代相袭的智慧,赋予了锦绣江南的柔美情,也熔铸出了这些文化体现出的审美以及价值取向。

3. 经世致用、务实求真

吴越的商品经济起步较早,市民阶层的形成也略早,务实的个性及平民风格对吴越文化的构成起了主要作用。再就是勇于创新、发现自我的秉性,也构成了充满生机与活力的内生动力。

(四) 三晋文化

春秋时期,晋国的所在地在山西,由于在战国时期被分成韩、赵、魏三国,因此,有了三晋的称呼。据历史研究认为,"尧治平阳、舜治蒲坂、禹治安邑"的三都都在晋南。

因此可以说,以晋为主是黄河流域文化的中心,与此同时,华夏文明的重要发祥地也是晋。由于在开国的时期,晋特别注意"启以夏政、疆以戎索",因此促使了法家的兴起。它的地理形势山河绕其外、高原河谷居其内,被称作"表里山河、称为完固",既可以成为王朝的重要藩屏,又可以成为乱世割据的强藩。又因地近边塞、民族杂处,亦是民族融合的熔炉,赵的胡服骑射就是代表中原文化对少数民族的吸收与两种文化之间的完美融合。

在北部崛起的北魏拓跋氏,在各族的相互融合下南下,在政治上促进了重新统一的局势,同时也刺激了华夏文化。民族融合不仅仅使得佛教在三晋的发展盛行,也为山西留下了远扬中外的云冈石窟与五台寺庙群,成为佛教建筑、石刻、雕塑上的艺术宝库。经济方面,山西的农业、盐池、炼铁、采煤也都呈现出了非常发达的趋势。

山西的戏曲历史悠久,主要剧种有宋金的社戏、元的杂剧,明清梆子,留下了深远而持久的影响。

(五) 秦文化

秦文化分布的腹地、范围大致上是今中国西北部的陕西、甘肃一带。它为秦人所有。春秋、战国时期,随着秦的军事征服、势力扩张、人员迁动,秦国的占领范围不断扩大,秦文化所影响和覆盖的地区也不断扩大。

在这样一个很长的历史过程中,秦文化对其他文化也有吸收,内容也越来越丰富。到秦朝完成统一,实现了对全中国的统治,进而又采取许多巩固和发展的统一措施,实行:"车同轨,书同文,行同伦。""至秦有天下,悉内六国礼仪,采择其善,虽不合圣制,其尊君抑臣,朝廷济济,依古以来。"

它的具体意思是说,秦在统一中国之后,对于全国的车辆大小与道路宽度都做了相应的统一,书写文字也都做了统一,同时还包括伦理规范。将原六国的礼仪中较好的部分选择出来,吸纳作为秦的礼仪。虽然有的与秦原来的制度不太符合,但是,这些礼仪使秦王朝形成了尊君抑臣的仪范,整个朝廷礼仪隆盛,基本上是依照古代仪典来实现的。

这是说,秦朝对六国文化是加以吸收而能予以兼容的,从而形成了以政治统一为背景的全国性的文化,即秦朝文化。

**三、儒、释、道三教并存**

东汉后期,佛教传入中国后,儒、释、道三家相互吸纳,又各自独立发展,从而形成了三教并存的局面。据传东汉末年的牟子作有《理惑论》,对儒家《五经》、道家《老子》和佛教经典兼研共玩,并论证三教观点一致,开"三教调和"论之先声。儒、道、释三教开始合流,并融合为"儒治世""道治身""佛治心"的社会功能。

(一)佛教盛行

魏晋南北朝时期,由于得到了封建统治阶级相关的大力支持和扶持,社会矛盾的尖锐,再加上僧尼不入国家户籍,可以逃避相应的赋役,破产农民大量都投身于寺院,促使佛教开始盛行。

(二)道教盛行

与此同时,道教从民间宗教开始向官方宗教逐步转化,久而久之成了巩固封建统治的精神工具。

东晋时期,道教盛行,不再局限于皇帝以及大臣信奉,下层民众中也出现了众多的信奉者。南北朝时,官方道教已经完全形成。而这个时候的儒学,由于本身的一些缺陷,如在思辨性和理论性方面存在着严重的不足,因此面临严重的挑战,但是中国的儒学最终以它顽强不懈的生命力,兼收并蓄,开创了一个全新的新局面。

(三)三教并存

早在魏晋时期,玄学就对三教的思想做了一次相关方面上的融合。魏晋玄学上承先秦西汉以来的有关于道家的哲学思想,把儒家的政治伦理思想和道家哲学思想巧妙地结合在了一起,形成了新的道家学说。玄学从"无为"出发,维护封建的纲常名教并为其进行相应的辩解,认为"名教即自然",封建的尊卑、上下关系都是合乎自然,生而固有,不能否定的。

由此看来,玄学也是儒家唯心主义哲学在新的历史条件下的变种之一,在它的宣扬下,经过一系列曲折的重重演变,老庄哲学终于与儒家哲学相表里,形成了融合后的主观唯心主义思想。

南北朝时期,三家调和的思想更甚。南朝梁武帝提出了"三教同源"说,认为三家可以相互辉映,他一方面宣扬佛祖如来与孔子、老子为师生关系,以抑儒道,扬释尼;另一方面将儒、道、释三家始祖孔子、老子、释迦牟尼并称为"三圣"。此一时期,文人名士多儒、玄双修,儒、释双修,不囿于一教一宗。

隋唐时期,国家经历了分裂近三百年之久的时期以后重新建立起统一的封建王朝,特别是政治、经济和文化方面都得到了空前的发展,这一空前的发展使其成为亚洲乃至世界的先进国家。由于文治的政策十分受到统治阶级的重视,儒、释、道三家都因此受到了大力的扶持,形成了三足鼎立之势。

在思想方面,道教宣传与世无争的思想观念,这一思想与儒家的"民本""仁政"思想、轻徭薄赋的要求有相通之处,特别适宜于唐初社会的大乱之后,天下初定的情形,正好符合统治者调整相关政策政治的需要。与此同时,道教对佛教的"因果报应"也是大力提倡、积极支持。唐代统治期间,三家的自由辩论更是受到极大地鼓励。

德宗贞元年间(785—804),儒、释、道三家曾大论辩于麟德殿,"始三家若矛盾然,卒而同归于善"可见,在唐代时期就实行三家并存的文化政策,儒、释、道三家得以各自独立发展,并进一步相互争论,彼此融合,形成了三家鼎立,并行不悖的局面。在三家不断争辩与发展的过程中,儒家日益处于劣势,明显地感受到来自佛道两家的压力。

唐中叶以后,儒学大师韩愈和柳宗元等人率先提出要复兴儒学。他们在回应佛道挑战的同时,积极援佛入儒与援道入儒。三家共弘不仅有力地促使儒、释、道相互吸取,而且造成一种开放的文化心态,给中国文化带来了一些新气象、新内涵。

**四、农耕文化与游牧文化并存**

古代的中国存在着两大文化,即中原的定居农业文化与北方的草原游牧文化,二者大致以400毫米等降水线为边际线,其东南为农业经济区,其西北为游牧区,汉代的匈奴，唐时的突厥，宋时的契丹、党项，以及后起的蒙古，都是典型意义上的游牧民族。东北的夫余、靺鞨、女真，以及由女真深化而成的满族，则是半农半猎的民族。

农耕文化与游牧文化，两者之间既有冲突也有融合。文化冲突中的对立面双方不可避免地在冲突中改变自身的原有结构，从对方吸收有用的文化成分，从而在调整、适应过程中趋于一致。在这个过程中主要包括以下两个方面。

(1)胡文化的汉化。

(2)汉文化的胡化。

而胡文化的汉化是主要方面。对于胡文化来说，抛弃旧质，以适应新的农业文明环境是首当其冲的要务。

胡文化的汉化有两个渠道：

(1)由胡人统治者采用汉族统治的组织形式，推广儒学，从而以强力推进胡文化发生质的变化。如北魏孝文帝的相关改革，便是胡文化汉化的一个典型代表。

(2)入迁内地的胡人在逐渐地与华民错居的情势中，潜移默化地受到了来自汉文化观念的深刻影响。胡文化的汉化表现在多个方面，除了政治结构专制化、经济方式的农业化、观念意识的儒学化，还有昔日的胡人自觉认同的华夏文化，又转而以"汉人"的姿态对待其他胡族。

汉文化的胡化也是不可忽视的重要方面。胡文化在进入汉文化轨道的过程中，也以其固有的物质对汉文化系统地加以冲击、改造。野蛮但充满生气的北方民族，给温文尔雅却因束缚于礼教而冷淡僵硬的汉文化带来了新鲜空气，对细腻的农耕文化而言，不啻为一种有效的补强剂和复壮剂。汉族也向胡族学习了许多有益的东西，如赵武灵王的"胡服骑射"，便是典型的例子。

农耕民族与游牧民族的关系也是不稳定的，时而交好，时而交恶，在交好时双方有互市的交流，游牧人用畜牧品与农耕人交换粮食、茶叶和布帛、铁器。但大多时候是处于交恶状态。

在古代，游牧民族的骑兵是最有战斗力的部队，再加上他们长期在恶劣条件下生存及马上的生活，善于骑马射箭，来去无定，使他们在与农耕人的交战中处于优势、攻势，而农耕人则居于劣势、守势，各代长城的修建便是农耕人被动防守的见证。

在整个古代，中原的农耕人和游牧人可以进行互相的学习，如中原的农耕人可以向游牧人学习骑射技术，游牧人则学习农耕人的生活方式以及改变生活习俗，从而促进自身的社会形态发生历史性的飞跃。

在长期的文化不断冲突与融合的过程中,诸多的北方民族消融于以汉族为核心的民族熔炉,自唐以后,鲜卑、氐、羯等族名逐渐在史籍中消失。元代以后,契丹、党项这些民族也不再见于史籍。而因被掳掠或流亡入北方少数民族地区的汉人亦发生胡化,最终融合于当地少数民族之中。

**五、中外文化的相互影响**

唐文化以博大胸襟广为吸收外域文化。南亚的佛学,中亚的音乐和舞蹈,西亚和西方世界的祆教、景教、摩尼教、伊斯兰教等,如同"八面来风",从唐帝国的大门一拥而入,首都长安成为中外文化汇集的中心。

所谓"有容乃大",正是唐文化超越前朝的特有气派,是唐文化金光熠熠的浓厚根基。

元帝国对欧亚大陆的征服,使中国西部和北部的边界实际上处于开放状态,阿拉伯、波斯和中亚的穆斯林大规模迁居中国,形成"回族遍天下"的态势。

阿拉伯的天文学、数学传入中国。郭守敬吸收阿拉伯的天文学成果,制定了中国历史上使用时间最长的《授时历》,中国的文化也加速了向西方的传播,火药、印刷术及中国历法、数学、瓷器、茶、丝绸、绘画、算盘等都以不同的途径传入到阿拉伯、波斯、俄罗斯及欧洲地区。

元代中西交通的开辟,为基督教传入中国创造了有利条件。亚欧大陆之间的沟通,亦为东西方的旅行家远游提供了方便,中国大陆留下了南欧旅行家马可波罗的足迹,他的《马可波罗游记》,用梦幻般的语言,向西方人娓娓动听地描述了中国的美丽、富饶和繁荣。从此,东方的中国成为西方人遥远的梦。

明代万历年间,耶稣会士来华传教,以"学术传教"为方针,即通过西洋科学、哲学、艺术引起士大夫们的注意,以此扩大耶稣会的影响范围。因此,在传教的同时,欧洲文化也广泛涉入,对于中西文化的交流有了客观上的促进。耶稣会士传入中国的西方文化,包括欧洲的古典哲学、逻辑学、美术、音乐以及自然科学。其中自然科学占据最主要的部分。

这些新鲜学问很值得中国学习。以徐光启、李之藻、方以智为代表的文化界先进人士,对西洋学术的高明之处有了察觉,于是努力将中华优秀传统文化与西方先进文化进行相关的会通,企望充分发挥知识的效益,以更好地发展中国文化。

在他们的一再努力下,晚明的数学与天文学等面目为之一新。清人入关,主张吸收西方的先进科学技术,康熙帝就是引进西学的相关杰出人物之一。他通过南怀仁致信西方耶稣会士,"凡擅长天文学、光学、静力学、动力学等物质科学的耶稣会士,中国无不欢迎"。

但到了 18 世纪,由于受到封建生产方式趋于没落形势的严重影响,统治集团中锐意进取、乐于吸收外来文化的精神亦随之衰减,代之而起的是不断涌来的故步自封。乾隆帝对于外来文化采取拒绝的态度,雍正时西学东渐戛然而止。这种形势一直持续到 19 世纪中叶,西方列强用坚船利炮重新打开了中国紧闭的大门。

**六、明清时期的文化荟萃**

明清两代,朝廷调动大量的人力物力,编纂《永乐大典》《古今图书集成》《四库全书》等类书、丛书,将古代浩如烟海的典籍汇集整理,从而将中国古典文化进行了一次空前的大总结。

《永乐大典》是明成祖下令编纂的一部大型类书。它广收各类图书七八千种,辑成 22 877 卷,凡例、目录 60 卷。

《古今图书集成》是清康熙年间编纂的大型类书。全书 10 000 卷,目录 40 卷,分 6 编、32 内、6 109 部。内容繁富,区分详细,被康有为称为"清代第一大书"。

《四库全书》是清乾隆年间编纂的一部更大的类书,它收书 3 503 种,计 79 337 卷,分经、史、子、集四部,故名四库。

明清时代的图书编纂,显现了中国文化的极大内涵,具有极大的文化价值。

(1)穷搜博征各种著作,汇成庞大的书籍世界,对文化遗产的保存具有重大意义。

(2)以较为精密的分类体例部勒群籍,使之有秩序地构成一个知识体系。

## 第二节 创新素质的内涵和构成

创新素质,是指人在先天遗传素质的基础上,后天通过环境一定程度的影响和教育所获得的稳定的在创新活动中必备的基本心理品质与特征。

创新素质是由创新意识、创新能力和创新个性三个基本要素组成的系统。要全面地对学生的素质进行相关的培养,必须注重对右脑的开发、加强双基教学、营造宽松和谐的教学氛围以及促进学生在创新性方面的学习。

**一、创新素质的内涵和要素**

所谓创新素质,就是在已经有了相关知识的基础上,再进行创造某种新颖的、独特的基本品质或是素养。范围宽广是这种素养的特点,它可以是一个新思想,也可以是一项新工艺、新作品,没有具体的概述。

一般说来,创新意识、创新能力和创新个性是构成创新素质的主要基本要素,它们对创新素质的形成和发展起到相当大的作用,不容忽视。

(一)创新意识

所谓创新意识,就是随着人脑不断运动不断变化,在这一过程中接收到了来自客观事物的相关刺激,进而产生出或是衍生出具有强烈改变客观事物现状的一种创新欲望,也就是所谓的有推崇创新观念。

创新素质形成的一个必要条件就是创新意识。具体说来,就是一个人大脑里只有先具有了强烈的某种创新意识,才会有强烈地想要行动的创新动机,对于创新的机会学会适当地把握,尽全力把自身的创新潜力发挥出来,最终会功夫不负有心人,取得创造性的成果。拥有足够的自信是创新意识的一个必要前提,要有自己独到的见解和思想,不盲目地迷信前人的一切,不盲从权威,对自己的能力做到肯定。

被誉为"杂交水稻之父"的我国著名水稻育种科学家袁隆平,就是一个很好的模范案例。他在学识方面从不对书本中的相关内容深信不疑,有时候,面对一些疑问,他敢于向经典的理论做出相关的带有实际性的挑战。比如,传统的水稻遗传学理论表明,水稻是通过自花进行相关系列传粉的,因此杂交的优势在它这没有显现出来。可是对于袁隆平来说,他却不是这样认为的,他觉得这是缺乏试验根据的一种论断。后来,他立志投身参与到杂交水稻方面的有关研究,在不断反复试验的情况下,终于获得了成功,验证了他自己的想法。

(二)创新能力

创新能力是衡量一个人创新素质高低的重要标志,不仅如此,创新能力也是创新素质的重要核心。观察能力、思维能力和实践能力这三种因素共同构成了创新能力。

(三)创新个性

对于创新个性的称谓,也可以叫作创新人格或创新品质,它对创新素质的形成有着较为深刻的影响。实际来说,每个人都具有创新的潜能,只是是否将创新潜力付诸实践的区别。

经过相关的研究表明,良好的创新个性有以下特点:

(1)敢作敢为;

(2)勇于冒险;

(3)幽默;

（4）独立性强；

（5）有恒心；

（6）一丝不苟。

创新意识、创新能力和创新个性虽然在创新素质的形成中作用各不相同，但它们之间又相辅相成、相互促进。形成创新能力的一个前提就是要具有强烈的创新意识，创新意识对创新能力起到支配和强化的作用，创新个性是形成和发挥创新能力的底蕴，创新能力形成后又会增加创新意识，使人渴望创新，勇于创新。

因此，对于学生的创新素质培养，必须从促进创新意识、创新能力和创新个性的形成与发展全面抓起。

## 二、创新素质的构成

创新素质应由创新思维、创新品质和创新能力共同构成。

（一）创新思维

所谓创新思维，就是打破常规、突破传统，具有敏锐的洞察力、直觉力等，从而使思维具有一种超前性、变通性。

（二）创新品质

创新品质，属于非智力因素，是创新活动的内在动力机构。创新品质包括以下三种。

1. 创新精神

所谓创新精神，就是追求创新，以创新为荣。

2. 创新意识

所谓创新意识，是指善于发现问题并同时提出问题，"问题意识"强烈。

3. 创新人格

所谓创新人格，指具有好奇心、求知欲，具有献身科学的内在动力和坚强意志，具有良好的精神状态和心理素质。

（三）创新能力

创新能力，是创新活动中的工作机构。在具备宽广而扎实的基础知识的同时，还少不了拥有综合开拓新领域的能力，掌握创新知识的方法论，尤其是具备良好的创造技能，包括以下几种。

（1）一般工作能力和动手能力。

(2)熟练掌握和运用创造技法的能力。

(3)创新成果的表达能力。

(4)表现能力和物化能力。

## 第三节 大学生创新意识的开发

创新意识,是指一个人根据社会和个体生活发展过程的需要,进而引起的某种创造动机,最终表现出相关的意向和愿望,也是人们进行创造活动的出发点和内在动力。人类社会正在经历一场革命性的变革。

因此,对于大学生来说,增强创新意识,主动迎接时代赋予的严峻挑战,紧跟世界发展的潮流步伐,是一个重大而紧迫的课题。

### 一、增强大学生的创新意识

知识经济是"以知识为基础的经济"的简称。在知识经济的时代里,科学前沿不断得到深化,高新技术领域也日益突飞猛进,信息技术、遗传技术、纳米技术、显微技术和氢核能技术都得到了广泛的运用,数字化、网络化、信息化技术将会使工业的本来面貌发生一定的改变,获得"物质"的方式也将发生根本性的变化,变得更容易、更方便、更便宜、更好。

与工业经济时代相比,知识经济时代表现出了以下几点特征:

(1)知识经济时代的产业主要是依赖信息产业为主,制造业和服务业逐渐形成一体化的趋势,提供知识信息服务将成为社会的一股主流;

(2)知识经济时代的相关效率标准则是知识生产率;

(3)在工业经济时代,管理重点是生产,而在知识经济时代,管理重点则发生了变化,成了知识管理,具体说来,就是针对相关的研究、开发和职工培训等方面;

(4)非标准化生产是知识经济时代里一种主要的生产方式,即小批量、多品种、高效率,在一条生产线上,每一个产品就是一个型号;

(5)知识经济时代从事知识生产和传播的劳动者占80%以上,其中知识阶层是社会的主体。

针对知识经济时代的特征变化而言,不仅仅是一种可观的有形的变化,更重要的是无形的、观念层面上的整体性变化。对于大学生来说,能对这种变化的时代背景有一个深层次的认识,树立新的学习观念和知识观念,增强创新意识,在现实社会生活中来说,是非常有意义的。

对于知识经济发展来说,增强创新意识、培养创新精神是其必然的要求。

首先,知识进步的有关程度、知识创新的能力决定于一个国家、民族的发展、繁荣以及富强;而教育发展、科技进步、知识创新的水平程度决定于国家的综合国力和国际竞争能力;要想全面实现建设小康社会的这一目标,实现中华民族的伟大复兴,就必须依靠全民族确立创新的意识,在各项事业中不断开拓进取,特别是对于肩负着祖国建设光荣历史使命的大学生来说,更应该敢为人先。

其次,增强创新意识,要依靠大学生在学习和实践的过程中逐步进行。党的十六大提出要建立国家创新体系,并积极推动理论创新、科技创新、制度创新和实践创新,为大学生增强创新意识营造了浓厚的氛围。

各高校把培养创新精神和实践能力作为重点,推进相关的素质教育,同时开展了丰富多彩的创新教育和创新实践活动,如原创作品比赛、课外学术作品大赛等。

作为一名大学生,不但要把自身投入进去,还要把握时代的脉搏,唤起"崇尚科学、勤奋学习、锐意创新、迎接挑战"的责任感和使命感,在发展中不断做出相关的创新,在创新中发展,逐渐增强创新意识,提高自身的综合素质,服务于社会。

目前,对于发扬中华优秀传统文化中积极作为的人生价值观,我们应大力倡导,大力提倡创新精神。创新精神也叫作创新意识,是指在解决问题与学习的过程中,推动主体运用变化、组合等创新手段进行相关程度上的探索,从而得出创新的成果,获得创新知识与创新能力,受主体个性特征制约的一种特定心理状态。

创新精神,就是来自主体的一种深刻体会,是在领会了创新在人类实践活动中的价值之后产生的,是推动个体进行相关的创造性活动的强大而持久的动力。

对于当代大学生创新意识的培养,包括对创新精神和创新思维的培养、创新性人格的培养、智力因素和非智力因素的培养,以及团队协作精神的培养等。

**二、培养大学生的创新意识**

对于当代大学生来说,只有不断增强创新意识,提高创新能力,主动地适应知识经济兴起的挑战,才能担当起建设社会主义科技强国、实现中华民族伟大复兴的历史使命。

那么,怎样才能全方面地培养当代大学生的创新意识呢?要培养大学生的创新精神,我们必须把创新确立为教育思想的核心,构建适宜于大学生创新意识培养的教育内容、教育方法及教育评价体系,营造一种人才健康成长的土壤和良好的教育环境。

**(一)转变教育观念**

对于各地的高校来说,对大学生进行相关的创造能力培养,一定要理清着重点,首先在观念上进行相关程度的转变,树立起正确的学生观念。也就是说合理地对待每一个学生,把每一个学生都看作具有发挥创造潜能的主体,有着极为丰富创造能力的个性,为学生提供更多的选择机会,让学生在学校全方位、健康地发展。

要想对学生的创新精神与创造能力进行相关方面的培养,首先要对学生的个性学会尊重。如果我们对儿童进行仔细的观察,就会发现儿童的天性中蕴含着创造的潜能,是无法比拟的,落实到现实生活中,不论是在绘画还是玩游戏,甚至是在搭积木、堆沙土、玩泥巴的过程中,都可以发现他们体现出来的想象力和创造力是极为丰富的,然而随着年龄的增长接受相应的教育,如从小学、中学以及大学教育的漫长过程,因受到应试教育模式的影响,他们的想象力、创造力发生改变。

针对目前这种严峻的现状,高校必须有相应的改进措施,针对以前单调的以教师和课本为中心的教学体系,确立起以学生为中心的教学模式。在进行相应的实际工作中,学校应该分清侧重点,侧重促进大学生主动性和独立性的发展,设置的相关内容和对于学生的考核尽量有更大的弹性。这样一来,学生的主体性能可以得到更好的发挥,个性也会一定程度上得到不断发展,从而更加有利于大学生的创新精神与创造能力的培养。

(二)提高大学生的文化底蕴

我国高校学生,知识面不是特别广泛,文化底蕴不够深厚,导致创造性思维欠缺。

根据大学生智力发展过程显现出的相关特点,应有针对性地侧重以下几方面的训练。

1. 进行元认知训练

元认知就是对思维的思维。通过对人的认识活动进行相关的监督和调节,以提高认识活动的相关效率。对于元认知水平高的人来说,对待相同的问题,他们可以以不一样的角度去思考,他们能看到别人看不到的事物的不同侧面,不但如此,他们对自己的行为带来的各种可能后果也能做到明确的认识。思维策略训练是元认知训练的一项重要内容。

相关研究表明,对待问题不能很好地进行解决的人,通常采用的方法是根据事物的表面特征逐步地进行类推,而对问题能很好地解决的人,他们则是根据基本原理的相似性进行类推。

2. 进行创造技能训练

进行一系列的相关创造技能训练,包括四种训练模式,其中有坚持不懈的能力、发散思维的能力以及勇于打破思维定式的能力和不怕面对风险的能力训练。

3. 培养学生读书习惯

广泛涉猎,不仅仅局限于从教科书内汲取知识,而是全方位弥补自己的不足之处。

(三)塑造教师的创新精神

对于大学生创新素质的培养,通过高校教师采取相关的教学活动是主要实施的途径。创新素质的培养,可以说是以教师素质培养学生素质的一个过程。因而,要培养大学生的创新素质,就必须对高校教师各方面有着较为严格的要求,他们必须具有创新精神和良好的创新素质。为此,高等学校应努力针对教师的创新精神进行相关方面的塑造,重视高校教师自身创新素质的培养与提高。

针对于此,高校应采取如下相应的措施。

1. 教育思想方面

让教师树立以创新精神为价值取向,引导教师的教学观在一定的程度上有所变化,对之前的偏重知识传授的教学现象做出相对应的改变,把学生的创新意识和创新能力作为重点来培养。

2. 改革教学方法

大力提倡并鼓励教师在教学方面进行创造性的教学,把教学和学生的学习过程变得丰富、具有创造性。教师创造性地进行教学,不但塑造了自身的创新精神,更有利于学生创新精神的培养和创新能力的提高。

3. 提倡教师进行有关的科学研究

鼓励教师积极进行科学创新,以提高教师自身的创新能力。名师出高徒,高等学校若拥有一批品德优良、造诣高深、具有创新精神和创新能力的教师,通过他们的言传身教,就一定会培养出一大批高素质的创新人才。

(四)营造有利于创新的社会环境

对于创新的相关社会环境的营造,可从以下五个方面来概括:

1. 重视硬件设施

重视对于创造能力培养的相关硬件方面的建设,为学生成才提供合适、稳定的条件。

2. 积极开展校园文化建设

积极地开展针对校园文化有关的建设和第二课堂的活动,为学生营造浓郁的创新氛围。

3. 制定合适的计划

针对个性化教育,制定一份合理的教学计划,以增强学生的创造能力,并同合作能力、团队精神的培养相结合作为其主要目标。

4. 改革教学方法

对于教学方法进行相关改革,为学生提供一定的思考空间,推崇标新立异,倡导个性发展,提倡启发式、讨论式、问题式、研究式教学,鼓励学生在学习过程中能够产生新想法,提出新问题和新见解,在宽松自由的学习氛围中培养学生的创造性思维和创新意识。

5. 建立科学的评价体系

科学的学习质量评价体系,除了将学习智力作为合理的指标,还应把学生质疑能力、创新思维程度、处理信息的能力、创新能力等作为综合能力素质评价的指标。

## 三、培养当代大学生创新意识的重要意义

(一)是经济全球化和知识经济时代的迫切需要

对于当代的大学生来说,对他们进行相关方面的创新意识的培养,是经济全球化和知识经济时代的一种迫切需要。世界经济全球化的趋势和科技的迅速发展氛围以及初见雏形的知识经济正在逐步改变人类的生产和生活方式。

作为发展中国家,要想跟上世界先进水平国家的发展步伐,那么,当下创新的任务就显得更为重要、更为迫切。对于提高大学生的创造能力来说,任务相当迫切,必须为了适应知识经济时代的需要而做出相关的努力,使我们的国家和民族自立于世界之林。

(二)是提高大学生综合素质的客观要求

对于大学生综合素质的客观要求做出适当的提高,就必须要针对当代大学生进行一定程度上的创新意识培养。当代大学生综合素质的外在表现是创新素质,它的基础是围绕深厚的文化底蕴,高度综合化的知识,个性化的思想和崇高的精神境界而展开的。

通过对创新意识和创新能力的培养,可以确保学生在毕业之后,有足够的能力去区分并利用各种有利于自身的条件,根据所从事的工作不断完善自身的知识和能力结构,以便达到完善自我和适应社会的目的,从而为终身教育打下坚实的基础。

总之，针对大学生的创新意识方面进行一定程度的培养，是当下我们不可推卸、必须严肃对待的一项紧迫而艰巨的任务，只有不断地加强学习，并把理论知识大胆地运用于实践之中，才能在大学生的创新意识培养过程中显得得心应手。

## 第四节 大学生创新素质的培养

科技是人类智慧的伟大结晶，创新是文明进步的不竭动力。当今时代，谁在知识创新方面占据一定的优势，谁就能够在发展过程中掌握主动的权利。知识的创新广泛地影响着经济社会的发展和人民的日常生活。

一个国家的发展之基、力量之源是创新。作为创新的基本主体之一，大学肩负着培养和造就高素质创新人才的重任。当代经济和科技发展的很多成果都是在大学中进行研究并在实际运用中得到相关的转化，大学拥有着良好的创新氛围，大学生的特点也比较突出，思维活跃、见解独特、求知欲强，具备着自身独特的创新条件和优势。对于大学生来说，进行相关的创新素质培养，对增强国家自主创新能力有着一定的深远意义。

### 一、对大学生创新素质的培养

培养学生创新素质的主要渠道，可以说是课堂，而其中起关键作用的是教师。只有高素质的创新型教师才能相应地担负起培养学生创新素质的重任。

有了创新型教师这一基本保证外，还应做到以下几点。

(一) 注重右脑开发

据相关的现代脑科学研究表明，人的大脑两半球的功能并不是一样的，它们之间存在着一定意义上的差异性，详细来说，左半球属于大脑的处理中心，倾向于逻辑思维的运转，主要包括相关的言语、进行抽象逻辑思维、集中思维、分析思维；而右半球则倾向于形象思维的运转，是处理包括表象，进行具体思维、发散思维、直觉思维的中心。

创新素质的核心是创新能力，它主要表现为创新性思维能力，而发散思维又在创新思维中占有不可取代的重要地位。

由此可见，把大脑右半球的功能与人的创新素质的形成联系起来，就会发现它们的关系非同小可，密切相关、彼此不可分割开来，一个人能否取得创造性的成就，具有很强的逻辑思维能力是主要的一个方面，在直觉方面获得多大程度的顿悟，则更为起着至关重要的决定性的作用。

然而,在我国,不论是对于传统教育理论来说还是针对教学实践而言,基本上都被理所当然的"左脑化"了。从传统的小学教育到研究生教育,无论从教育内容来看,还是从教育方法上而言,都会发现明显地对言语思维极其重视,而对非言语思维显得比较忽略,对抽象思维显得重视,而对形象思维显得忽略,对逻辑思维显得重视,对于非逻辑思维显得忽略,特别是忽视直觉思维等。而这些被轻视或忽视了的思维形式,恰恰是右半球的重要功能。

因此,对学生的创新素质进行有效培养,除了对左脑的功能持续发挥的同时,还要注重对右脑的潜能进行开发,发展学生的直觉思维和形象思维能力,使得大脑两半球协同活动,功能得到进一步均衡发展。

针对右脑开发,应该高度重视那些平时在我们学校里被称为"副科"的音乐、体育、美术之类的课程,通过对这类课程相应地做到开齐开足开好,并逐步建立和完善活动类课程,特别是科技活动,使学生左右脑共同协调发展。

(二)加强双基教学

每一件事物的产生都是有一定的依据的,不是平白无故诞生的,就像创新的产生一样,也是需要有一定的知识进行相关的铺垫衔接,这些铺垫包括任何的新思想、新观念的产生,同时也必须是以坚实而牢固的知识作铺垫,如果在铺垫过程中,缺乏足够的知识储备,即使有新的思想,那么也会显得幼稚和不成熟。

一般说来,如果一个人知识面非常丰富,知识范围广阔,那么,通常情况下,与其相对应的创新思维就会显得相当活跃,创新能力就相当强,创新素质也就越高。

但是,由于现代科学技术日新月异的飞速发展,人类对知识量的需求也在急剧地增加,且更新速度越来越短,而这种形势对于一个人来说,在学校学习的时间却是有限的,关于人类积累的知识不可能全部都学到手,这时,就只能从浩瀚的知识海洋中撷取具有相对稳定性的基础知识来学习。学生只有掌握了扎实的基础知识,才能形成学习专业的基石,同时也是促进创新素质形成的基础。

可以说,在教育理论里,那些长期受到强调的有关基础知识、基本技能永远也不会因时代的进步和发展而遭到淘汰。但是,对于双基教学的加强,不能只向学生传授现成的知识和结论就停滞不前了,而是应在学生掌握现成知识的同时,让他们努力去发现接受新的知识,在了解现成结论的同时,又去设法突破现成结论。

只有这样,对于学生创新素质的培养才能奠定更加坚实的知识基础,又能在加强双基教学的同时进一步培养学生的创新素质,使二者有机地统一于教学过程之中。

(三)营造宽松和谐的教学氛围

对于学生的创新素质进行一定程度上的培养,不只局限于奠定生理基础和知识基础,除此之外,还要为学生营造一个宽松和谐的教学氛围,这样一来会更有利于创新素质的顺利形成。正如德国学者戈特弗里德·海纳特指出的:"教师凡欲促进他的学生的创新力,就必须在他们班上倡导一种合作、社会一体的作风,这也有利于集体创新力的发挥。"因为只有在宽松和谐的教学氛围中,学生才有"心理安全"和"心理自由"。

有相关的研究表明,能够适应创新能力发展和表现的环境,才是能够实现和保障学生的心理安全和心理自由的环境。如此一来,在这样的环境里,学生的好奇心、自尊心和自信心才会得到相应的保护,他们才能更加集中精力进行自主学习,独立思考,积极探索,发展个性特长,形成创新能力。

适当地营造宽松和谐的教学氛围,最为关键的一点就是课堂教学必须真正体现以学生为中心的特点,也就是教师应充分尊重学生。具体地反映在实际行动上,主要表现在以下三个方面。

1. 尊重学生的心灵

要适当尊重学生的兴趣、爱好、情绪以及情感方面、个性特点、抱负和志向、选择和判断以及个人意愿等有关联的方面。

2. 对学生不区别对待

对全体学生要做到一视同仁,尤其是一些与自己的意见有着不同见解的学生。

3. 保护学生的自尊心

营造宽松和谐的教学氛围,需要教师做到发扬教学民主,对学生的人格有充分的尊重,建立融洽的师生关系,以此为学生创新素质的培养提供良好的心理环境。

(四)促进学生创新性学习

国际著名学术团体——罗马俱乐部的研究报告《学无止境——回答未来的挑战》把学习分为以下两种类型。

1. 维持性学习

它的功能在于获得已有的知识、经验,以提高解决当前已经发生的问题的能力。

2. 创新性学习

它的功能在于通过某种程度的学习,进而提高一个人发现、吸收新知识、新信息和提出新问题的能力,以迎接和处理好未来社会中出现的各种变化。

对于维持性学习强调的一个重点就是培养对现实社会的适应能力,当然,这样的要求有它的合理之处,从某种程度上来说也是必不可少的。但是,按照当今社会的发展,这种传统的学习方式下所培养出来的"知识仓库"型人才,已经很难与当今社会的种种挑战相符合,因此对于学生创新性的学习必须加大促进力度。

这种学习使得教育成了针对培养创新精神、激发创新能力的源泉,因此,在针对学生传授现成知识的同时,更需要对学生在未知领域进行相关的探索做出正确的引导,让他们自己去寻找独创性的解决问题的方法。

这个时候,就对教师有一定的要求了,需要他们进行角色转变,从知识的传授者转变为学习的促进者,在原先传统的授课方式的基础上有所改变,如满堂灌、一言堂的现象,以及学生回答问题必须符合教师自己定的标准答案的旧模式等情况,合理采用启发式、讨论式、案例式等相关的教学方法,在教师的正确启发引导下,激发学生多向思维和创新的意识,鼓励学生勇于提出质疑,大胆创新,对他们独创性的分析问题和解决问题的能力加强培养,从而形成新思想,创造新知识。

## 二、构成创新素质的要求

拥有大批创新型的人才是建设创新型国家的前提,对于高等学校来说,为国家培养高素质创新型人才是他们不可推卸的重要责任,因此,应在更新教育观念,探索创新人才培养模式诸方面有所建树,做出更大的努力。

在培养高素质创新型人才时,必须明确树立"以学生为本"的理念,国家和民族前途命运的重要力量取决于高素质人才,同时,高素质人才也是建设创新型国家的强大依托。

(一)健全的人格

人格,是针对人的社会自我的一种主要外在表现,是个人在社会化的过程中逐渐变得成熟起来的思考方式和行为方式。我们既要对我国优秀传统文化中的人格行为进行大力提倡,又应该加强对于现代人格行为的相关方面的培养,这是青年学生待人处世、安身立命的根本。

相关的心理学研究数据表明,人自身的创造力发展,离不开其整个人格的发展,这里的整个人格就具体包括其所持的世界观、生活方式等。人格往往能够传递出一种精神,一种感召,一种力量。人格精神不存在于非常平和的举动之中。

塑造学生的健全人格,最终的目的是能够正确地引导学生健康成人。让他们要学会淡泊、宽容、执着、自律。能够做到淡泊是一种境界,不为名利所困惑,不为物欲所引诱,不为人情所烦恼,能任劳任怨。学会宽容更是一种美德。做到自律是一种底线,明白什么该做,什么不该做。

(二)创新意识

1. 确立社会责任感

可以说,对社会有无责任感是检验人生境界高低的一个衡量尺度。一般来说,社会责任感不是抽象的,是可以具体来阐述的,它是一种能用行动来具体体现出来的,主要表现在对家庭、他人、集体、国家、民族的情感、态度、责任和义务这几方面。

积极地引导学生的意识,让他们从小范围开始有所意识,从对自身负责做起,对自己建立一定的信心、对父母持有孝心、对他人关心、对社会有爱心、对祖国忠心。

在这里,需要特别强调指出的是,应对学生加强有关感恩教育方面的相关活动。

2. 培养创新毅力

一个人要想在事业方面取得成功,就得付出与之相对应甚至是加倍的努力。而在付出之前,必须具备坚韧不拔的毅力,持之以恒的恒心,当然,自立、自强的精神更得拥有,甚至是随时失败的风险准备也应具有,这样再去行动,就会有动力。

3. 培养创新激情

每个人都会拥有激情,但是如何利用好激情,这是门学问。所谓激情,就是要敢于争先地面对机遇,在艰险面前,敢于探索,落后的时候,有着奋起的心态,竞争之际,创新为先。有了激情,才会有想要行动的欲望。

4. 培养团队精神

要想产生相对而言比较大的创新成果,就必须具有一致的团队精神,集思广益。举例说来,一些重大科技项目的获得者往往都是优秀的团体,特别是在学科交叉、技术集成、知识融合的时代背景下。这就说明了一个现象,个人的作用越来越小,成就事业的关键在于群体团结发挥出来的力量。作为创新型人才,在具有创新精神和能力的同时,团结合作的意识和能力也要具备。

5. 培养诚信品德

诚信,是个人与个人、个人与社会之间相互关系的道德品质和行为准则。诚信是个人高尚的人格魅力;诚信是学校的一种宝贵的无形资产;诚信是社会维持正常秩序的运行基础;诚信是国家良好的国际形象象征。正确地引导学生诚信立身,诚信做人,诚信做事,使诚信成为走向社会的"通行证"是必要的。

6. 培养胆量

中国古代有句名言,"才学胆识胆为先"。在现实生活中,有才华的人遍布各地,不足为奇,而有胆量的人却是少之甚少。凡是能做成一番大事业的人,是否有足够的聪明才智暂且不说,但是此人一定有足够的胆量,只有有胆量的人才能做得了天下大事。美国教育家卡耐基说,失去金钱的人损失极少,失去健康的人损失极多,失去勇气的人损失一切。胆量体现的是一种素质、一种精神。胆量是承受生活中一切艰辛,做一切事情的根基。

塑造创新人格,是保证学生成功的根本。成功在某种意义上来说,不仅是某种结果,有时候更是一种无法用语言形容的精神状态。在成功的道路上,要始终持有艰苦奋斗的精神,善于总结,脚踏实地,只有这样才能体会到成功的愉悦。当然,成功不仅是失败的简单积累,而是总结失败经验后的自我超越,可以说是智慧和理性的再一次升华。成功是循序渐近的过程。今天的成就源于昨天的积累,明天的成功有赖于今天的勤奋努力。

(三)创新型人才要有创新的天性

教育制度的改革,应该把学生作为主体,为他们创造个性留出足够的自身发展空间。

在培养创新型人才的过程中,要激励学生的个性发展,激发学生创造的天性,不断改进学生评价体系和评优机制,搭建有利于学生个性发展的制度平台。

1. 正确处理共性与个性的关系

共性是前提,体现人才标准;个性是关键,体现独一无二的不可替代性。对于创新型人才的培养,不能盲目模仿,不能采用单一的模式,不能用统一标准来评价。没有个性就没有创造性人才。

教育的灵魂是个性。个性一般表现为兴趣、爱好、特长。只要合理、充分发掘他们的潜能,便能使他们成为不平凡的人。

促进学生成才,是合理塑造学生、创造个性的最终目的。成才,需要有一个明确的方向定位。一个人只有自身具备了较强的适应社会的能力,他的潜能才能得到充分发挥。

2. 营造和谐的环境

所谓建设和谐的环境,就是要坚持尊重差异的同时,包容多样化,在差异中求和谐,在多样中求统一。

# 第六章 加强大学生职业素质教育

随着社会进步,科学技术发展速度迅猛,现代职业对从业者的职业素质要求越来越高。为了使大学生可以更好地适应当前的社会情况,在就业市场中发挥出自己的竞争力,高校有必要加深对大学生职业素质教育的深度。

## 第一节 中国传统敬业观

在中国传统社会,已经出现了职业分工的思想,《周礼·考工记》便提出了国有六职,并对不同的职业规定其职责。随着职业体系的发展和完善,职业分工也更为系统,相应地也形成了一套符合社会特征的职业道德体系,而我国传统职业道德体系中的核心内容即敬业观。

### 一、中国传统敬业观的思想内涵

中国传统敬业观包含十分丰富的内容,涉及的领域很多,如果从思想内涵进行分类,可以分为以下两个方面。

#### (一)尽职尽责

尽职尽责是指尽全力完成应做的工作,在我国传统社会尽职尽责是一项十分重要的职业素养。尽职尽责要求人们不仅要拥有良好的工作能力与工作素养,同时要对工作做到尽力尽责。我国从古至今都将尽职尽责作为重要的敬业思想,有着十分丰厚的历史文化积累。

1. 尽职尽责就要勤于本职

我国传统思想认为,勤于本职是尽职尽责的根本,只有在工作中保持勤勉才能将事业长久地进行下去。《尚书·周书》中就提到,"功崇惟志,业广惟勤",意思就是想要取得伟大功绩就要有伟大的志向,想要在事业上获得成就就要勤勉不懈地工作;《左传·宣公十二年》中提到,"民生在勤,勤则不匮",就是说人民的生活在于辛勤劳作;《墨子·非乐上》也曾提到,"赖其力者生,不赖其力者不生",这是指只有依靠自己的能力的人才能生存下去,反之则无法生存。可以看出,对于勤于本职,我国传统思想中有非常浓厚的文化积累,该思想认为只有勤勉地工作才能在事业上有建树。同时,古代先贤认为懒惰是极为不可取的,懒惰是人们在事业上取得成功的障碍。《国语·鲁语》就提到了"夫民劳则思,思则善心生。逸则淫,淫则忘善,忘善则恶心生"。可以理解为人们通过劳动开始思考,通过思考便可以心生善意;贪图安逸就会心生贪念,贪念会使人们忘记善意而产生不良的思想。我国历代先贤都将勤勉当作自己的行为标准,将懒惰视为成功的绊脚石,"业精于勤荒于嬉,行成于思毁于随"也渗透了这种思想。朱熹也极为反对懒惰,他认为一个人做事一定不可懒惰,即使身体抱恙也应该一心向往事业,不可以怠慢,不可以荒废学业,只有坚持不懈地勤勉工作,才是对待事业和生活的正确态度,他严格要求自己和他的学生,一生都处于勤勉之中,直至离世前他还在修改《四书章句集注》。

2. 尽职尽责更要尽心竭力

尽心竭力是指对待工作要尽心尽力,做到全身心的投入。虽然对于不同的工作,尽心尽力的表现方式不尽相同,但是其根本都是一致的,尽心竭力是一种具有共性的职业境界,也是我国传统思想中的一项重要内容。"古者四民异业同道,其尽心焉,一也。士以修治,农以具养,工以利器,商以通货,各就其资之所近、力之所及而业焉,以求尽其心。其归要在于有益于生人之道,则一而已。士农以其尽心于修治具养者,而利器通货犹其士与农也。工商以其尽心于利器通货者,而修治具养犹其士与农也。……自王道熄而学术乖,人失其心,交鹜于利,以相驱轶,于是始有散士而卑农,荣宦游而耻工贾。"这一论述便说明了虽然不同职业有不同的尽心竭力的方式,但是本质是相同的。在中国传统道德思想中,"忠"是一种核心的职业道德,即对待自己的工作要忠诚,也就是要人们认真而诚恳地对待自己的工作。对于我国传统职业道德思想中的"忠",首先是一个带有政治色彩的概念,指官吏应该忠于自己的国家和君主,这是官吏忠于其工作的根本。《论语》中提到"居之无倦,行之以忠",是说身为国家官吏应该不懈怠,应该忠诚地执行君主的命令。曾子也曾说,"吾日三省吾身:为人谋而不忠乎?与朋友交而不信乎?传不习乎?",其中"为人谋而不忠乎"也反映了尽心竭力的思想。随着时代的不停发展,古代传统思想中"忠"的含义也有所变化,从最初的指代官吏忠诚转变为更为广义的内容,一些贤者将其总结为尽心尽力则为忠。可以看出,"忠"也就是要求人们对待自己的事业要真诚、要尽心尽力,不论处于什么地位,也不论从事的是何种职业,都应该做到尽心竭力。

### 3. 尽职尽责要有奉献精神

对待工作尽职尽责、尽心竭力，就会产生奉献精神。奉献精神是一种更高层次的职业道德思想，是一种强烈的责任感与义务感。

首先，应该做到对本职工作有奉献精神，也就是要对本职工作尽职尽责、尽心竭力。这种奉献精神是最基本的。在我国传统职业道德思想中，没有奉献精神是一种令人不齿的行为。《左传·襄公二十七年》中提到，"仕而废其事，罪也"，就是说为官者不尽心于工作，是一种罪过。这种思想就表示，应该居其位谋其职，既然从事一项工作就应该尽心尽力奉献自我，如果做不到这一点就不应该从事一项工作。

其次，奉献精神不仅仅指对自己的工作，还包括更广的范畴，也就是对社会、对国家的奉献精神，这表现为对社会的责任感以及爱国主义精神。我国传统道德文化中极为重视这种奉献精神，无数仁人志士秉承着这种奉献精神奉献自我，将自己的一生奉献给国家、民族、全人类，这是一种深层次的思想觉悟。明代理学家吕坤提出士君子应该以"世道、人心、民生、国计"作为自己的责任，可以看出我国传统道德思想中对于社会责任感与使命感的重视。因为这种强烈的责任感，在国家遇到困难与危机时，总会有仁人志士为救国奔走，也为人们留下了不少英雄事迹。

最后，奉献精神还体现在维护真理层面。为了维护人类的真理与正义，许多仁人志士奉献自我，穷尽一生为了贯彻真理与正义而奋斗，就像司马迁忍辱负重也要著成《史记》。正因为这种高层次的敬业精神的支撑，古代先贤才可以为人类留下宝贵的精神文化财富。

### (二) 诚信无欺

诚信是一种十分重要的品德，诚即真诚，不欺骗自己，不欺骗别人；信即信誉，答应的事情一定要做到，不可反悔。在我国传统职业道德思想中，诚信是重要的组成部分，尤其在商业活动中诚信尤为重要。人们应该做到真实、诚实、守约。

### 1. 货真价实、诚实不欺

货真价实是指商品和价格都是实实在在的，诚实不欺是指以诚信为本不存在欺诈行为，从古至今商家都极为重视这两条原则，这是一种基本的职业道德与职业态度。"诚实不欺"就是商家用来招徕生意的商业用语，意为价钱实实在在，一点不假，代表着一种诚实守信的职业道德和职业态度。孔子曾说可以追求富贵，只要是合乎于道的富贵那就是可以追求的，但如果是不合乎于道的富贵就不应该去追求。管子也十分重视诚信，他认为不讲诚信的商人不可以经商，不诚信的工匠不可为工,不诚信的农民不可务农,他认为诚信是基本的职业道德,也是社会可以有序发展的基础。荀子也认为诚信是基本的经商理念,商人应该诚实守信,诚信的商业活动可以促进商业活动的发展,国家便可以越加兴旺,也就是说诚信可以促进国家的发展。荀子曰:"商贾敦悫无诈,则商旅安,货财通,而国求给矣。"意思是说,诚信是经商之法,不讲诚信的商人不能从事商业,诚信可促使商业兴旺。具体而言,就是要货真价实、言不二价、童叟无欺。《礼记·王制》中提到,"布帛粗细不中数,幅广狭不中量,不鬻于市";《商贾一览醒迷》中说,"货之粗精好歹,实告经纪……若昧之不言,希为侥幸出脱,恐自误也"。气这都可以看出诚信在商业活动中的重要性。诚信也是帮助人们积累财富的工具,保证诚信待人,就可以促进生意兴隆,也就可以帮助商家积累财富,从古至今诚信都可以帮助商人招揽客人,正如"诚招天下客,信聚八方商"一说。从长久的历史看来,诚信在商业活动中的重要性可见一斑,这也反映了人们对诚信的重视。

我国古代的"儒商"便将货真价实、诚实不欺贯彻到了其商业活动中,他们将儒家道德理念贯彻到各个方面,包括职业道德、经营管理、价值观念等,这些儒商具有足够的才智与良好的品德,同时具有很好的商业头脑可以经商赚取财富。儒商之所以可以取得成功,其中很重要的一个原因就是他们讲究诚信,以儒家思想作为他们的经商指导思想,使他们重视为人诚信、童叟无欺。在许多相关记载中,都提到了各个朝代的儒商是如何经商的,其中许多记载都提到了诚信待客这一点,可以看出诚信从古至今都是商人敬业思想的重要部分。

2. 遵守契约、有诺必承

诚信无欺还表现在遵守契约、有诺必承。遵守承诺是商业发展的生命,只有保证这一点商业活动才可以开展,我国传统思想一直将守信作为十分重要的道德准则,所谓"一诺千金",就是指只要应下的承诺就必须落实。

(1)对服务对象要信守承诺

孔子一直主张为人要讲究诚信,他认为诚信是根本,不论是以个人为主体还是以国家为主体,都要重视守信,他认为治理国家的一项重要任务就是树立良好的政治信用。子夏曾说,"君子信而后劳其民,未信则以为厉己也;信而后谏,未信则以为镑己也。"意思就是想要百姓劳作首先应该取得他们的信任,不然百姓会认为这是一种虐待;想要劝谏君主首先应该取得君主的信任,不然他会认为你的劝谏是对他的诽谤。信在商业领域也很重要,信守承诺是商人从商的基本准则,商人应该对商品的质量、价格等方面信守承诺,不可食言。我国古代许多成功的商人都信奉诚实守信这一原则,例如晋商创立的山西票号对店内徒弟有这样的训诫,"重信义,除虚伪,节情欲,敦品行,贵忠诚,鄙利己,奉博爱,薄嫉恨,喜辛苦,戒奢华",到了清咸丰、光绪年间,山西票号发展势头迅猛,而为其带来这种发展的重要因素正是他们秉承的诚实守信的从商准则。

(2)对合作伙伴要信守承诺

除了对服务对象要讲究诚信,对伙伴也要信守承诺。我国传统商业经营活动中,合作伙伴间的信任也被看得十分重要,合作伙伴间彼此信任,讲究诚信待人。在明代中期,出现了一种称为"伙计"制度的商业管理模式,是指出资人聘请值得信赖且善于经营的人进行商业运营管理,被聘请的人不需要出资,同时还可以获得分红。这种"伙计"制度在当时十分流行,因为彼此互相信任,所以商业活动进行得井然有序,出资人和被聘请人都可以获得财富。

(3)要遵守契约关系

遵守契约关系主要指借贷诚信,要做到"赊须诚实,约议还期,切莫食言"。在我国传统社会,遵守契约关系十分重要,一些商家为了保全信誉甚至不惜造成亏损。例如清代胡开文墨的第二代传人胡余德,他研制出了一种浸水不化的墨品,但一次客人买了这一产品后,墨品落入水后融化了。胡余德知道后立即停止出售不合格的产品,并高价回收已售的不合格品并销毁。经过此事,胡开文墨的名誉非但没有受损,反而因为这种诚实守信赢得了顾客的信赖。

可以看出,我国传统的职业道德思想中很重视诚信无欺,并根据这一道德思想形成了一系列的道德规范。只要做出承诺,就必须要兑现,也就是"言必信,行必果"。我国古代商业能够蒸蒸日上也正是因为这种诚信为主的敬业理念,诚信是从事一项事业的基础。由此看出,诚信是事业生存和发展的关键,不注重诚信只会自取灭亡。

**二、中国传统敬业观的特征**

通过各种资料可以大致描绘出我国传统敬业思想的形态,大致勾勒出传统敬业思想的内容。在此基础上,就这些敬业思想的内涵对其主要特征进行分析。

(一)德业双修的人本关怀

中国传统敬业观的首要特征就是德业双修的人本关怀。其中"德业双修"是指事业与道德的有机结合,职业生活与个人修养的有机结合。儒家思想是我国传统文化中一种主要的道德思想,其尊崇德性,在这种文化氛围中我国传统敬业观也带有浓厚的崇德色彩。"敬业"是"敬"与"业"的组合,"敬"是一种道德修养的表现,"业"是指职业、事业,"敬业"本身就是将道德修养与职业生活融合在一起的词汇,它反映了人们对待事业应该秉承的态度。"敬业"是传统道德思想的重要组成部分,它是衡量一个人在事业上是否可以取得成功,是否可以有所建树的关键指标,只有具备优秀的道德修养的人才可能在事业上取得成功。中国传统敬业观是以人的意念、行动为中心建构起来的一套完整的职业规范和职业操守,它帮助人们明确职业活动对于个人生活的重要性,它要求人们将道德教育融入职业活动中,使人们不仅仅在表面上进行工作,而是更深层次地进行职业活动,从中发现自身价值,真正实现自己的职业目标。

"德业双修"将传统文化中"以人为本"的道德关怀折射出来,此处的"以人为本"是指传统思想中的"爱人"与"仁爱"等思想。在中国传统敬业观中,"爱人"与"仁爱"是职业道德的重要体现。其中"爱人"思想是敬业的出发点,同时传统敬业观要求在职业活动中体现"仁爱"。在政治领域,中国传统思想家很早便意识到人民在政治中的作用,人民即是国之根本,孟子提出的"民为贵,社稷次之,君为轻"就是这一思想的代表,强调了人民在国家中的重要性。从教师授业的角度看,教师的敬业表现在要为人师表,为学生起到楷模作用;要学而不厌,通过不断学习提升自身的能力,从而提高教育能力;要诲人不倦,不停地开展教育,将自己所学知识传递给更多人;要因材施教,根据学生的不同特质选择适合他们的教育内容与教育方法,以达到更好的教育效果等,教师应该尽职尽责为教育事业努力奋斗。从医德角度来说,为医者应该谨记"人命至重,有贵于金",要怀着仁爱之心对待病患,要认真对待工作,努力提高自己的医术,怀揣济世救人的思想抱负。在商业领域,商人应该保证货真价实、童叟无欺、讲究信誉,对待客人和合作伙伴都要真诚。由此可见,中国传统敬业观要求从业者从被服务者的角度看待问题、思考问题,这体现了从业者的道德修养,同时也是人本思想在职业领域的具体体现。

(二)业以载道的重义追求

人们为了维持生活必须要获得金钱,而工作便是获得利益的一种方式,正如司马迁所说,"天下熙熙,皆为利来;天下攘攘,皆为利往",获得利益是人们工作不可或缺的一项内涵。在中国传统敬业思想中,工作不仅仅是为了获取利益,更重要的则是实现抱负,它具有鲜明的道义内涵。中国传统敬业观追求的道义是重义,可以从以下两个方面分析。

1. 不能以利害义

孔子曾说,"富与贵,是人之所欲也;不以其道得之,不处也",孔子的意思是人们都想追求富贵,但是不用正当的方法取得利益是不可以的。中国传统思想看重仁义道德,这一点在传统敬业观中也有所表现。中国传统敬业观十分重视诚信无欺,要求人们通过正当方式获取利益,不可以为了利益不择手段而不讲道义。在传统社会,对政府官吏的要求是公私分明,不可以以权谋私,要保证清正廉洁,以关怀百姓的角度处理问题;从商者,不可以为了获取利益而有所欺瞒,要秉承诚信无欺的原则做生意,不要贪图不义之财;为师者,要为人师表,不断提升自己,以教书育人作为自身的理想;为医者,要以救死扶伤为己任,公平对待伤患,不可以患者的身份地位与财富多少而区别对待。正所谓,君子爱财,取之有道,传统敬业观认为道义为先,不可以依靠不义的手段谋取利益,要对自己的职业怀有崇敬之心,在获得劳动成果的同时要将道义放在最前。

2. 注重以义致利

中国传统敬业观中的重义,不仅是指不可以利害义,同时还提倡以义致利。传统敬业观要求从业者要努力工作、恪守道义,在对从业者提出诸多要求的同时也没有忽略他们应当获得的利益,利益是对他们诚恳工作的反馈,传统敬业观提倡合理的获利方式,营造良好的职业氛围。在中国传统社会中,有许多以义致利的实例,尤其是一些儒商将这一观点很好地运用在他们的从商经历中。古代儒商认为,"义"与"利"是共存的,他们可以相互影响、相互促进,秉承道义从事商业活动可以获得更多利益。明代晋商王文显说,"夫商与士,异术而同心。故善商者,处财货之场,而修高明之行,是故虽利而不污。……故利以义制,名以清修,各守其业,天之鉴也。"这个观点认为商人与官吏虽然从事的职业不同,但是内在本质是一样的,商人不断地提高自身修养,虽然追逐利益也不肮脏,遵循道义获取利益,通过修行提高声誉,认真对待自己的工作,才是正确的行事之法。中国古代许多商人推崇以义致利,并通过这种方式获得利益,这就是中国传统敬业观的一大特征。

## 第二节 当代职业素质构成及职业素质要求

职业素质是一个综合性概念,其中包括很多内容。从不同的角度分析,可以将职业素质进行不同细分,但值得注意的是,职业素质是一个整体概念,不可以通过其中一项单独的素质对个体的整体职业素质进行判断。同时,根据不同的职业,也会产生不同的职业素质要求。高校应该根据实际情况,开展职业素质教育,帮助大学生提高自身职场竞争力。

## 一、大学生的职业素质的内涵

(一)职业素质概说

1. 素质

素质是在先天基础上,通过后天的学习与教育形成的一种生活习惯,它反映了一个人个人品质的高低。素质是衡量一个人的道德品质的指标,是一个人多方面水平的集中体现。素质可以通过人们的社会实践活动得以体现,并通过人们的言行举止表现出来。

一般而言,人的素质包括身体素质、心理素质与社会文化素质三大方面。身体素质是指人体在活动中表现出来的力量、速度、耐力等人体机能,它是一个人的体质强弱的外在表现。身体素质包括基本的生理机能以及生理系统的正常发育以及健康发展,还包括个体运动与适应的能力。身体素质是人们开展社会活动的基础,良好的身体素质可以使人们更好地开展社会活动。心理素质是在先天的基础上,通过后天教育、环境、社会实践活动等诸多因素影响而形成的。心理素质是整体素质的核心。社会文化素质主要包括思想观念、道德品质、知识水平、生活技能以及审美能力等。身体素质是社会文化素质的基础,心理素质是文化素质的中介,同时社会文化素质也会对身体素质和心理素质产生一定影响。社会文化素质属于较为现实的一种表现,直接关系到人们在社会实践活动中的表现。

2. 职业素质

职业素质是指从事一项职业活动所需要具备的一系列素质,可以通过社会职业需求和个体生命发展两个角度进行分析。

(1)社会职业需求角度

首先,人们从事职业活动是为了维持生存,为了符合职业需求个体需要拥有多种素质,其中包括身体素质、品德素质、智能素质等。需要通过对一个人的各种素质进行综合考评,才能判断一个人整体职业素质的高低。

第一,身体素质。身体素质是指个体的基本生理机能与生理系统是否发育正常且健康,是否拥有良好的体制和强健的体魄。

第二,品德素质。通过品德素质判断个体是否拥有较好的道德修养,其中包括民主政治素质、公共生活素质、自我管理素质以及健康的心理素质等。

第三,智能素质。智能素质可以考察个体的基本智力水平以及运用知识的能力。智能素质要求个体要不断地学习、积累科学文化知识,灵活运用所学知识。

第四,审美素质。审美是人们观察世界理解世界的一种方式,审美素质就是指个体感受世界、理解世界、表达和创造美的一种素质。

第五,劳动素质。包括从事某类职业和专业的知识技能素质、参与市场经济生活的素质如消费素质、经营管理素质等。

(2)个体生命发展角度

第一,思想观念是素质的核心要素。思想观念是人们对世界的理解的表现,其中包括世界观、人生观和价值观,不同的环境、教育会使人们产生不同的思想观念,不同的思想观念就会导致人们看待世界的方式不同。思想道德素质是人们在开展行动时的先导因素,它对其他素质具有制约与引导的作用。

第二,知识是素质的基本要素。知识在一定程度上影响个体的素质水平,具有丰富的知识可以提高一个人的个人修养。知识的内容涵盖理论知识与技术知识所构成的知识体系。

第三,能力是素质的关键要素。个人能力是通过社会实践活动体现出来的,想要判断一个人的个人能力就需要观察他在各项社会实践活动中的表现。个人能力包括很多方面,要考虑各个方面的表现进行综合评定。

第四,欲望态度是素质的动力要素。个体在进行某项活动时,最开始是因为对某项活动产生欲望并想要得到满足。个体的欲望多种多样,十分复杂,不同的欲望会促使人们开展相应的行为活动。人的求知欲会促使人们学习与探究;人们对人际交往的欲望促使人们与人结交,同时人际关系受到道德感的约束;人对于情感表达的欲望促使他们对世间万物进行态度体验。人们的情感欲望推动人们追求真理、追求美,促进人类向真善美发展。

不论是通过社会职业需求的角度,还是从个体生命发展的角度进行分析,都是科学合理的,但职业素质是一个整体概念,不能只从一个角度进行分析,我们应该从两个角度综合地进行考虑与分析,从而得到更为全面的结果。通过上述分析可以看出,职业素质是一个社会个体从事职业活动所应具备的身心健康素质、文化科学知识和社会生活经验、职业技能和能力以及相关的情感、态度、价值观等全部素质的总和。

(二)职业素质的特征

1. 从社会层面分析

(1)社会历史性

社会职业素质是随着社会的发展而不断变化的,社会发展就会导致社会分工产生变化以及职业分化,这就导致了社会职业素质的改变。职业是社会进步与劳动分工的产物,通过生产力的发展、科学技术水平的提高、社会结构的变化形成了职业。职业具有鲜明的社会性与时代性,社会性是指职业也会随着社会的发展产生或消失,时代性是指职业会根据不同的时代衍生出不同的特征。国家的经济体制、产业结构以及科技发展水平,决定了一个国家的职业结构,也就是说通过社会职业结构的变化可以看到一个国家的变化和发展。职业结构处于动态中,相应的社会职业素养也会随着职业结构的变化而产生相应的变化与要求。

(2)专业提升性

社会职业素质的要求会根据劳动熟练程度的提高而提高。随着科学技术的不断发展,很多先进的科学技术投入到生产活动中,相关职业便不断地发展和成熟,这就导致了社会职业素质要求的提高。科学技术的大量投入加大了职业专业化,虽然不是所有职业都会受到影响,但大部分职业都会有所影响,尤其是在当今这个高速发展的信息化时代,信息化、全球化、知识化已经成了这个时代的代言词。全球化市场经济和高科技的发展推动了很多职业走向成熟和专业,从业者为了适应当前时代的职业新要求就需要不断地改进与提高。很多职业对从业者的素质要求发生了变化,越来越多的职业对从业人员的知识水平、专业技能水平以及综合素质能力的要求不断提高。

(3)职业素质的类别差异性

职业素质出现类别差异是因为产业划分与行业分工不同。处于不同产业或行业的职业会出现职业素质构成的差异性,主要体现在专业知识、技术和技能上。根据不同的社会分工和职业划分,不同职业的素质要求有很大的不同,例如行政领导类行业、生产服务类行业、科学教育类行业以及文化娱乐类等行业中的职业素质要求就明显不同。不仅从大层面的划分可以看出职业素质要求的差异,从职业细分中也可以看出差异性,同一职业类别不同岗位有时都会出现职业素质要求的差别。但职业素质的差异性是在共性素质的基础上体现的。

2. 从个体角度分析

(1)生成性

生成性是指个体职业素质是在先天遗传素质基础上,经过后天环境、教育以及社会实践活动等的影响而形成的。人的本性,人的本质,以及人的一切社会生存素质都具有生成性的特点。

(2)整体性

整体性是指职业素质是一个整体概念,不可以通过单独的素质个体概括个体的整体职业素质。在当今社会,人的生存实质上是职业生存,所以职业素质可以反映一个人的整体素质。职业素质是个体智力与体力的结合体现,也是人类文化在个体心理上的内化和积淀。为了对职业素质进行研究,可以对不同个体的整体素质进行分析和比较,但是不可以将单个职业素质因素进行比较,职业素质是一个整体概念不可拆分。

(3) 发展变化性

发展变化性是指职业素质会随着社会的发展而不断变化,这是一个动态的过程。尤其当今社会科技发展迅猛,大量的高科技技术投入到生产之中,职业不断走向专业化,这就导致很多职业对从业者的职业素质要求进一步提高了。为了适应这种高速发展的社会现状,高校的职业素质教育一定要注意全面提高教育水平,帮助高校学生可以更好地适应这个全球化、专业化、信息化的新时代,这也正是目前高校在进行职业素质教育时的新挑战。

## 二、当代大学生职业素质的构成分析

(一) 大学生职业素质的构成要素

大学生的职业素质是指大学生从事某种职业所应具备的素质总和。大学生的职业素质同样可以从社会职业需求角度和个体生命发展角度进行分析。但在对大学生的职业素质进行分析时,往往忽视职业素质的整体性,这就导致对大学生职业生存素质的分析不够全面和专业。所以,应该从整体角度对大学生的职业素质构成进行分析。大学生的职业素质可以分为身体素质、心理素质和社会素质,这其中每个方面又包含了诸多细分素质因素。

1. 大学生的身体素质

大学生的身体素质主要包括身体结构和身体机能两个方面。身体素质包括很多内容,其中包括:保持身体健康、积极自觉地参与体育锻炼加强体质、培养建立良好的卫生习惯;了解和掌握人体机能和系统的基本知识、了解基本的疾病预防方式与基本药物使用方式等。

2. 大学生的心理素质

心理活动受到外界环境的影响,心理素质是通过个体与环境的相互作用产生的。大学生心理素质主要包括:注意保持心理健康,主动学习发展智力与能力水平,培养意志、情感等因素,了解心理知识,懂得如何进行心理调节。

3. 大学生的社会素质

社会素质包含的内容十分广泛,其中包括政治、道德、文化、科学、审美等多种因素。其具体内容包括:建立健康的人生观、价值观和世界观;树立良好的理想信念;养成良好的道德习惯;了解和学习文化科学知识,并掌握相关基本技能;建立良好的审美情操,培养自己欣赏美、表达美与创造美的能力;树立健康正确的劳动观念,掌握基本和专业劳动技能,积极投入到事业当中。

(二) 大学生职业素质结构分析

从功能论的角度进行分析,职业素质在个体生存与社会发展上的地位和作用有所不同,可以按照以下框架进行分析。

1. 职业基础素质

职业基础素质包括,身体素质、心理素质、文化科学知识与技能、道德素养等。随着社会的不断发展,职业素质的要求越来越高,这些基础职业素质一定要加以重视,在此基础上培养其他素质。高校进行大学生职业素质教育时,一定要加强职业基础素质的教育,为他们发展其他素质打下基础。

2. 职业核心素质

职业核心素质是提高职场竞争力的重点,这些素质可以帮助人们在职场中获得更高的评价和更好的发展,它是建立在职业基本素质基础上的,也是高校进行大学生职业素质教育的重点。职业核心素质包括职业生涯的规划能力、职业相关专业知识的学习能力、职业技能的掌握程度等。这些素质可以进一步提升人们职业素质的专业化水平,帮助他们更好地开展事业。

3. 职业拓展素质

职业拓展素质是职业素质中最活跃的一部分内容,它是大学生面对职业转变时应该具备的素质,这些素质可以帮助大学生更好地应对职业变动。职业拓展素质包括,创业素质、经营管理能力、创新能力、终身学习能力以及信息处理能力等。

4. 职业辅助素质

职业辅助素质是大学生在社会生活中必须具备的素质,同时这些素质可以帮助他们更好地适应社会和工作,是他们发展事业的保障。职业辅助素质包括,基本生活能力、理财能力、合作交流能力、诚实守信素质、了解和掌握法律的能力等。

我们可以将职业基础素质、职业核心素质、职业拓展素质与职业辅助素质看作一棵树,那么基础素质即为根,核心素质即为干,拓展素质即为枝,辅助素质即为冠。为职业素质树提供土壤、阳光、空气与水分的即为社会生活生产实践,其中最主要的养分提供者是社会劳动与产业分工系统以及社会制度,包括经济体制、产业政策以及社会文化等因素。

## 三、当代社会对大学生职业素质的要求

(一)对职业素养的要求

职业素养,是指一系列与职业有直接关系的基础能力的综合素质,包括专业知识掌握能力、专业技能应用能力等。为了适应当前这个竞争激烈的就业市场,从业人员必须拥有各种职业素质,良好的职业素质可以为从业者带来更多更好的机会。职业素养包括思想道德素质、科学文化素质、生理素质和心理素质等,在各方面素质上表现良好可以获得更好的职业发展。对于大学生来说,长期在校园环境中生活和学习,没有或是很少有机会真正地接触社会,当他们离开校园进入社会并投入到工作中时,很难立刻调整身份面对社会生活以及工作。所以,为了使大学生毕业后可以以良好的职业面貌融入社会和工作中,高校应该积极开展职业素质教育,培养大学生的综合职业素质,帮助他们在激烈的就业市场中获得较强的竞争力。

可以看出,加强大学生职业素质教育具有重大意义,这也是目前社会实践活动与大学生自身诉求的实际需求。主要的职业素养包括职业道德素养、人际沟通能力、合作与竞争意识和组织领导能力。

1. 职业道德素养

社会的发展,需要科学技术等硬件设施的保障与推进,同时需要精神文化建设的内在支撑。良好的道德素养可以成为一个民族的内在力量,它可以营造良好的社会氛围,还可以转化为内在生产力,以此推进社会的健康发展。大学生离开校园进入社会时,需要各种能力和素养帮助他们更好地适应全新的环境,其中就包括良好的道德素养。大学生应该具备诚实守信、团结友爱、勇于创新等基本道德素质,同时还应该具备良好的职业道德素养,应该做到认真对待工作、信守承诺、遵守行业规范、爱岗敬业等。高校应该加强对大学生职业道德素质的教育,帮助他们成为有社会责任感、对待工作认真负责的人。

第一,培养职业责任感。职业责任感是指个体对所从事职业的工作态度。首先,应该保证对待工作认真负责、遵守行业规范和规则、保证完成工作任务、积极主动地对待工作。其次,要在端正态度的基础上积极创新,开动脑筋寻求新思路和新方法,进一步提高自己的工作能力,实现自我突破。

第二,讲究职业信誉。职业信誉是职业道德素养中十分重要的一部分,它可以帮助个体营造良好的个人形象。信誉是个体在长期的自我约束与自我激励中形成的良好品质,同时是提升职业道德素质的重要途径。进入社会,在求职和工作中都要保持良好的信誉,真诚待人,诚实守信,树立良好的个人形象,这是在社会实践活

动中十分重要的一项品质。

第三,还有其他一些优秀品质可以体现一个人的职业素养,例如勇于奉献、大局为重等。要全面发展自己,提高各方面的道德素养,才可以提升个人整体职业素质。

可以看出,职业道德素养是个体进行社会实践活动中十分重要的因素,提高道德素养可以增加个人竞争力,同时可以提高工作能力。

2. 人际沟通能力

社会不断进步,科技水平也不断提高,各个行业对从业者的专业化水平也逐渐提高,但想要很好地完成一项工作,除了专业的技术水平还需要良好的人际沟通能力。社会实践活动不是单凭一人就可以完成的,大多数工作都是需要人与人之间的良好合作才能完成的,在完成这些工作时就需要从业者具备良好的沟通能力,要与工作相关的人员进行良好的交流与沟通,以便高质高效地完成工作。所以,为了提升大学生的就业能力,必须要提高他们的人际交往能力,帮助他们可以与人进行良好的沟通交流、正确处理人际关系、懂得利用人际资源等。培养大学生的人际沟通能力可以从以下几个方面入手。

第一,知识与内涵对于提升人际沟通能力有很重要的作用,拥有较高知识水平与良好内涵是进行良好人际沟通的基本。丰富的知识储备是进行沟通的内在要求,良好的内涵是可以通过交流沟通得以体现的,所以对大学生进行知识与内涵的培养极为重要。

第二,良好的人际沟通能力不是一朝一夕就可以形成的,而是需要通过长年累月的积累而慢慢形成的。大学生在日常生活与学习中应该多与同学和老师进行沟通交流,在这个过程中实现量的积累,日积月累地锻炼自己的人际沟通能力,以取得更好的效果。

第三,高校应该利用各种资源开展各种校园活动,例如社会实践、校际交流、校园比赛等,通过这些活动为学生提供更多交流沟通的机会。这些活动可以提供学生间、师生间、学生与社会人士间沟通交流的机会,以此提高学生的人际沟通能力。

可以看出,培养大学生的人际沟通能力需要高校与学生的共同努力,双方各尽其职地有效配合才可以实现良好的培养效果。

3. 合作与竞争意识

社会高速发展,社会分工越来越细化,想要实现社会发展目标必须靠集体努力,随着全球化的脚步,我国的发展与现代化建设进程也在与世界接轨。人是推动社会发展的主要动力,只有现代化的人推动社会发展,才可以实现社会现代化目标。当代社会的性质决定人们在进行社会实践活动时,需要进行合作,也就要求人们具备合作意识。高校在进行教育时,应该培养适应当今社会的高素质人才,所以培养大学生的合作意识是实现高素质培养必要的一部分。每个人都有优势与相对不擅长的领域,通过人员间的分工合作可以实现人力资源最佳配置,从而提高工作效率。

竞争意识也是现代化社会不可缺少的一种素质,良性竞争可以促进生产力的提高。竞争意识可以促进人们进一步提升自己,可以激发人们的创新意识,从而推进整体生产力的提升。高校在进行大学生职业素质教育时也应该注重学生竞争意识的培养,可以通过开展各项具有竞争性质的活动培养学生的竞争意识。

4. 组织领导能力

组织领导能力是指对各种资源进行科学合理的安排,以便工作可以高效运行,更为重要的是在进行资源配置的同时提升自己的核心领导力,组织领导能力在求职与工作中是十分重要的能力。良好的组织领导能力可以使个体在工作中更为出众,也就可以获得更好的工作机会,从而取得事业上的成功。

高校在进行大学生的组织领导能力培养时,应该通过以下几个方面进行。首先,大学生应该积极主动地参与到活动的组织中去,在实践中锻炼自己的组织领导能力,要善于发现机会、把握机会,充分利用身边的锻炼机会来提升自己的组织领导能力;其次,高校应该积极主动地为学生提供锻炼机会,搭建适合学生进行组织领导能力锻炼的平台,加强学生的自我管理能力。同时,高校可以邀请社会人士到校进行演讲和培训,并开设组织领导能力方面的专业课程,专业地系统地帮助学生学习相关知识。

为了培养符合社会需求的高素质大学生,高校加强大学生职业素质教育工作是必不可少的。想要高质高效地完成大学生职业素质教育,需要校方与学生的积极配合,共同努力。

(二)对专业技术能力的要求

专业技术能力是从事某一职业的基本素质,是综合职业素质的重要组成部分。大学生离开校园走向社会时,专业技术能力是他们在就职市场上重要的竞争力,为了提高学生的就业能力,高校应该重视对他们的专业技术能力的培养。

1. 从社会角度分析

随着社会的发展,职业细分也逐渐加强,专业化的职业细分就导致很多职业对从业者的技术能力水平要求不断提高。为了明确各个职业的职业技能培养方向,不同行业和职业应该明确和公开其所需的技能种类和水平等,加强要求的指向性,这样才可以使高校更为目的明确地进行专业技术培训。

2. 从高校角度分析

目前职业专业化越来越强,高校应该也必须加强对大学生的专业技术能力的教育与培养。保证在培养大学生综合能力的前提下,适当加强对专业技术能力的培训,高校应该投入更多的资源帮助学生提高这方面的能力,以提高他们在求职时的竞争力。高校可以开展各种社会实践活动和专业课程,从实践角度落实理论知识,培养学生的实际动手能力。

3. 从大学生角度分析

大学生自身应该重视提高自己的专业技术能力,为了提升自己的专业竞争力应该重视这一项能力的培养。大学生应该进行职业规划,明确自己想要从事的职业,再根据职业进行具有专业性的专业技能训练,以便得到更好的发展。

关于专业技术能力的培养,应该从理论和实践两个方面进行。根据不同专业的特点设计具有针对性的理论课程,让学生熟练掌握理论知识,打好基础;针对理论知识设计不同的实践课程或是实践活动,帮助学生通过实践落实理论,在强化理论知识的同时提高实践能力。在进行专业技术培训的过程中,应该鼓励学生积极思考、勇于创新,通过思考进一步提高专业水平。学生还可以根据自身需求和兴趣进一步进行学习和研究,进一步提高自己的专业技术能力。

(三)对职业适应性的要求

大学生离开校园进入社会,会经历环境的巨大转变,在各个方面都需要重新适应,这就可能造成在择业时可能会犹豫不决,在职场中可能无法适应激烈的竞争环境,在工作中可能会出现能力与职业不匹配等问题。所以良好的职业适应性也是当代职业素质要求中一个重要的组成部分。校园是大学生培养和提高自身职业适应能力的重要场所,大学生在校期间得到的锻炼对于他们今后的社会生活具有重要意义,大学生在校园内的学习生活可帮助他们树立健康良好的人生观、价值观和世界观,并帮助他们塑造健康的就业心态。

所以对大学生职业适应性的提高,需要大学生自身、企业和社会、高校共同努力。大学生应该积极转变自己的就业理念,社会和企业应该营造良好的就业气氛,高校应该开展各项课程和实践活动,从实际上提高学生的职业适应性。往往高校将就业率当作衡量对学生就业工作完成程度的唯一标准,而这种标准已经不符合当今社会的新标准了,高校应该结合实际开展有针对性的就业指导,例如,加大宣传教育、设置职业规划相关的专业课程、进行应聘模拟训练、开展个性化就业指导等。通过各种方式提高大学生的职业适应性,帮助他们更好地融入社会,开展工作。

## 第三节 大学生职业素质培养的意义和途径

对大学生进行职业素质培养是为了加强他们的竞争力,帮助他们更好地适应社会生活,同时良好的职业素质可以为他们带来事业和人生上更好的发展。下面就大学生的身心健康素质进行分析,阐明身心健康素质的培养意义和培养途径。

### 一、身心健康的职业生存意义

现在处于知识经济时代,高新技术发展迅猛,社会中各种不同的声音和思想相互碰撞。大学生一直是富有激情的代表,他们对一切新鲜事物充满好奇,而现在这个时代对大学生的思想和心灵造成了很大的冲击,大学生正处于成熟与不成熟之间,还不具备十分完整的心智,在各种各样的冲击下很容易出现心理上的损伤。然而人们往往只关注大学生身上的闪光点,认为他们代表了新时代优秀青年的形象,但是却忽略了对他们心理建设的关心,大学生在学习和生活中面临着来自各方的压力,因为这种忽视产生了很多问题,据调查,很多大学生都存在不同程度的心理问题。除了心理上的问题,身体上的问题也困扰着大学生的学习生活。大学生承受了很多压力,但却没有得到合适的疏解,这就会导致他们出现一些生理疾病,如颈椎病、视力下降等,而且出现这些疾病的不是个别案例。

可以看出,当今大学生承受着很大的身心健康困扰,影响到了他们的学习与生活。高校应该立即采取行动提高大学生的身心健康水平,提高他们的学习和生活质量。短期或是较小的压力不会造成危害,而长期较大的压力却会对大学生造成伤害,根据不同对象会产生不同程度的伤害,这可能体现在身体上,可能体现在心理上,也可能同时出现在身心两个方面。为了解决这个问题,应该分析大学生承受压力的原因和来源,寻找消除或缓解压力的有效方法,提高大学生的身心健康素质,是高校面临的刻不容缓的问题。

### 二、大学生身体素质培养的现状及途径

(一)我国大学生体育锻炼现状

大学生身体健康状况和特点与体育锻炼有很大关系,下面就大学生体育锻炼

进行分析。根据研究数据显示,高校学生绝大部分都对体育锻炼持积极态度,只有少数人表现出冷淡或是厌恶的态度。并且对体育锻炼的态度还出现性别差异,男生对参加体育锻炼的积极性明显高于女生。男生和女生参与体育锻炼的目的都有增强体质和调节心理两方面,但男生参加体育还为了消遣娱乐,而女生参加体育锻炼则是为了减重塑形。但可以看出,不论男生还是女生,对于体育锻炼的增强体质和调节心理的能力都有所认识。大学生在选择参与的体育项目时也会出现一定的偏好,男生更倾向于对抗性强、竞争性强的较为激烈的体育运动;女生更喜欢较为温和的、难度较低的运动项目。同时,大学生在选择运动项目时,倾向于选择易于开展、受限比较小、所需场地和器材比较方便获取的运动,因为这样比较符合他们的生活环境和特征。例如跑步、足球、羽毛球、健美操等运动是大学生比较偏好的运动项目。体育锻炼的频率是评定体育锻炼情况的一项重要指标。从总体上来看,男生在体格、身体素质等方面优于女生,锻炼持续时间长。

(二)提高大学生身体素质的途径

在思想层面,高校体育应该将重点放在加强大学生的身体素质上,不论是理论课程还是实践课程,都应该注重大学生的身体素质提高。在开展高校体育教育时,应该将全面发展人的身体素质、提高健康水平作为根本任务,在提高大学生身体素质的过程中提高学生其他方面的素质,例如思想道德素质、审美素质等。为了适应当前社会的要求,高校在进行体育教育时相较原来更注重对学生实践能力的培养,从而提高了大学生的身体活动能力。但目前学生的身体素质逐年下降也是事实,所以为了改善这一现象,高校加强体育教育,进一步提高学生的身体素质是必要任务,这也是为大学生今后进入社会开展工作打下身体素质基础。

在操作层面,应处理好以下几个问题。

第一,课程内容要克服单调刻板的设置方法,应该按照学生的喜好和要求灵活安排课程内容,同时要重视基础素质训练。基础素质训练是提高学生身体素质的基础,应该讲究全面发展配合重点提高,根据学生的情况开展有针对性的身体锻炼,促进学生的身体素质可以全面提高。同时,通过进行体育训练,可以加强学生的意志品质,培养他们吃苦耐劳的精神。

第二,除了在课堂上进行体育锻炼外,大学生应该加强课外体育锻炼,在业余时间根据自己身体情况和喜好开展体育活动,并在强度、时间、次数上有一定规划,以提高身体素质为目的要求自己,进行训练。

第三,教师作为对学生进行体育教育的实施者,应该全面且准确地了解学生的身体素质情况,充分发挥教育者和组织者的身份,对学生的体育锻炼进行正确指导。在对高校体育老师进行评价时,不应该只看学生的考试成绩,而应该将学生的身体素质提高情况纳入考虑范围,因为提高身体素质是对大学生进行体育教育的重要目标。

第四,高校不断扩招导致学生越来越多,很多学校校内的体育设施跟不上学校扩招的步伐,限制了大学生的体育活动,这就使大学生体育锻炼的效果下降。同时,增多的学生人数为老师带来了更大的工作量,也给他们造成了更大的工作压力,这就影响了教学效果。因此,高校应该积极建设和完善体育场地、设施和设备等,在硬件上保证学生体育锻炼的质量。同时,合理安排教师与课程人数,以便达到最佳教育效果。

第五,身体素质情况是一个动态情况,所以为了更好地了解学生的身体素质情况,高校应该定期进行监测和评价,根据结果进行分析,制定下一步的教学目标,这种持续性的监控可以帮助教师更充分地了解学生体质情况,帮助他们更好地促进学生身体素质的健康发展。

### 三、大学生心理素质培养的现状及途径

(一)大学生心理健康现状

心理素质是大学生必须具备的一项职业素质,而良好的心理素质就要求大学生具有良好的心理状态,保持心理健康是提高大学生职业素质的重要内容。为了满足社会对当今大学生的要求,大学生应该具备健康的心理和健全的人格,这是大学生进入社会投入工作的前提,因为健康的心理状态和健全的人格可以帮助他们更好地适应社会,帮助他们更好地迎接挑战。当今社会充满竞争,不仅社会中充满竞争,高校内也存在很多竞争,在这种竞争激烈的环境中,大学生承受了较大的压力,如果疏导不及时不到位就可能引起一系列的心理问题,所以对当代大学生的心理健康应该加以重视。大学生处于不成熟与成熟的中间地带,他们在心理发展的过程中容易受到影响,从而产生内心的矛盾与冲突,尤其目前处于信息化时代,大量的信息充斥人们的生活,在接收不同的信息时大学生容易受到这些信息的影响,所以当代大学生容易出现心理问题。据相关的统计数据表明,大学生已经成为心理疾病高发人群,很多大学生出现了不同程度的心理问题。可以看出,我国大学生的心理健康状况并不乐观,这个问题亟须得到重视,为了缓解这一现状,全社会都应该提供相应的帮助。

大学生产生心理问题的原因有很多。首先,一些大学生感觉学习压力大,长期的高压环境会对他们造成较大的心理负担,这就可能引起他们的心理问题,进而影

响他们的学习和生活质量。其次,大学比较考验学生的自理能力,而一些学生不能适应这种转变,就使得他们感觉无所适从,适应能力差的学生就可能出现心理问题。再次,一部分学生无法处理好人际关系,而在学习和生活中需要与人沟通交流的地方很多,这种挫败感会逐渐累积并对他们的心理造成影响,进而引发一系列的心理问题。除了这些原因,还有其他因素影响大学生的心理状态,无法积极对待生活中的困难,无法承受生活中的压力,就会导致大学生心理出现一定问题,甚至会引发严重后果。同时,对成功的期待过高也会引起心理落差,没有成熟的心智面对生活和生命中的变故与挫折会带给他们痛苦。目前,已经有很多心理和教育方面的专家对大学生心理健康问题进行研究,致力于探索出缓解和消除大学生心理问题的方法。对于大学生心理健康,首先应该进行预防,积极了解他们的心理状况,预防心理问题的出现;其次,出现问题应该及时疏导、及时治疗,要控制他们的疾病进一步发展。提高大学生的心理素质不论对他们的大学生活,还是对他们以后的职业生活,乃至今后的人生,都有着重大作用。

(二)提高大学生心理素质的途径

1. 注重促进大学生的心理和谐

营造良好的社会环境,全社会对大学生的心理健康进行关怀。首先,让全社会了解心理健康对大学生的重要性并予以重视,不能只关注身体健康不关注心理健康。将心理健康建设纳入社会文明和精神文明建设的范畴之中,引导大家在健康的社会环境中生活和工作,建设良好的社会环境。广泛利用各种媒体手段进行心理健康宣传,向全社会普及和推广心理健康知识,促进社会全体成员的心理健康建设,提高全民心理健康意识,为大学生营造良好的社会气氛。其次,目前的社会状态决定了就业形势,这不是大学生自身可以改变的,所以家庭和社会应该对大学生就业困难的问题放宽态度,不要对他们提出过高要求,要认清客观事实,不要对他们施加过多压力,同时尊重他们的个人选择,给予他们自由发展的空间。再次,对大学生应该进行爱护与宽容,尤其是对心理已经出现问题的学生应该给予他们足够的爱护与关怀,让他们感受到来自外界的爱,积极对他们进行心理疏导,引导他们正确地对待人生中的挫折与困难。同时,应该加强心理健康和保健,建设和完善心理咨询网络,帮助大学生树立自尊、自信、自强、积极的良好心态。教育应该重视学生的自律能力、自发性和创造性方面的同时发挥。促进学生的全面发展,引导他们进行良好的人际沟通,帮助他们进行自我实现。

2. 协助大学生开展职业生涯规划

大学生的职业生涯规划没有固定模板,根据不同的学生是不同的,这体现了个体的独特性,但职业规划中有几个方面是共通的,即人生理想、生活目标、职业生涯。大学阶段是职业生涯发展的起步阶段,大学生可以逐步进行计划和实践,为今后的职业生涯发展打下基础。

大一时,学生刚刚步入大学校园,对于未来的职业还没有具体的概念。在这个阶段,可以帮助他们了解职业生涯的概念与内容,让他们对此有一个整体概念,让他们可以对职业有大致的方向和定位。这个阶段的规划是粗略的,学生还不具备专业的知识和能力,他们只需要对未来职业有一个大致的方向和概念就可以了。大一学生可以通过校内活动和课外实践,掌握交流技巧和一些基本社会技能,并可以通过网络广泛进行学习。

大二时,经过了一年的大学生活,对于未来的发展方向应该已经有了概念,这个阶段学生应该确定自己毕业后的方向,是就业还是继续深造,并根据自己的目标制定计划。老师应该向学生介绍各个职业的要求和需要,帮助学生更好地了解职业,以便他们有针对性地进行学习和训练。这个阶段,根据自己的发展目标,学生应该调整学习内容和结构,并进行一些专业性的能力练习。

大三时,这个阶段学生大已经有了具体的发展目标,决定深造的学生要进一步加深学习为升学考试做准备,决定就业的学生应该在掌握理论知识的同时积极提高专业技能。学生应该培养自己独立解决问题的能力,并积极参与社会实践活动积累社会经验,争取在这个阶段锻炼专业技能,为今后发展做准备。

大四时,这个阶段属于分化期,大多数学生的目标锁定在工作申请及成功就业上。老师应该向学生提供各种就业信息,并传授相应的求职技巧,帮助他们找到心仪的工作。对学生的就业指导应该具有针对性和专业性,根据不同学生提出不同建议,根据求职市场情况和职业要求进行了解和分析,为学生提供合理建议,只有让学生充分了解市场才能让他们更符合职位要求,才可以帮助他们在竞争中取胜。

3. 加强大学生心理健康教育

大学应该采取相应的教育对策,帮助大学生树立心理健康意识,优化心理品质,增强心理调适能力和社会生活的适应能力,预防和缓解心理问题。首先,以学生为中心进行情感教育。教师的首要任务就是教育学生,大学就是进行教育的场所,高校应该从制度上强化育人意识,建立良好的学习环境促进大学生的健康成长。其次,高校应该开设专门的心理课程,并开展相关的讨论会研究会,同时可以邀请心理教育专家举办讲座。通过这些形式,帮助学生了解心理健康知识,帮助他们加强心理健康建设。再次,优化教育环境,积极开展各项校园活动,丰富学生的课余生活,为学生创造舒适、优美的校园环境,促进他们建立积极向上的生活和学习态度。最后,高校要定期进行心理健康调查,要时刻把握学生的心理状态,通过对他们心理状态的全面了解制定接下来的活动计划。对大学生心理状态的调查,应该按照不同年级、不同性别、不同学生来源进行分类,有针对性地进行研究,根据研究结果进行归纳和整理,以此为根据寻求有效的措施和方法。同时,高校应该开展心理咨询服务,帮助学生及时进行心理疏导,发现心理出现问题的学生要及时给予帮助,帮助他们疏通心理问题,解决心理问题,以免发生不良后果。高校应该为心理咨询提供条件,要配备专业的设备和人员,并建立和完善相关信息服务网络,合理有效地帮助学生解决心理问题。

4. 引导大学生关注心理健康

要解决大学生心理问题需要他们自身进行心理建设,应该让他们主动地关心自己的心理健康,培养健康的心态和健全的人格。引导学生要有豁达的心态,在遇到问题和困难时要积极面对,学会自我调节,并学会用正确的方式发泄情绪,在发现心理可能出现问题时及时寻求帮助。想要锻炼情商需要靠实践实现,因为只学习理论知识不能确实地提高情商。首先要对自己的情商进行评估,也就是将个体放入不同环境,分析外界对其的评价得出结论。要根据自身的情况和目标进行有针对性的培养,广交朋友,在平时的生活中多多分析和反省自己,向那些做事得体的人学习。

随着社会各界对大学生心理健康问题的重视,很多高校已经陆续开展了心理健康教育,建设了专门的心理教育和咨询中心,并建立起专业的心理教育和咨询队伍。同时,大学生本身也注意到了心理健康问题的重要性,自发组织了一些社团和活动,甚至还有一些学生参与心理健康方面的演讲或是话剧等。除了学生自己与高校的努力外,社会各界都为了大学生的心理健康建设做出了努力,政府也积极制定相关政策,采取相应办法,尽量帮助大学生创造更多的就业机会,帮他们解决毕业后求职的后顾之忧。

通过社会各界的共同努力,大学生的心理健康问题肯定会得到一定的改善,他们会带着良好的心理素质进入社会,开始他们的职业生涯。

# 参考文献

[1] 卢思锋.聚焦理性爱国[M].北京:北京交通大学出版社,2014.

[2] 徐永春.中国传统文化与思想政治教育[M].北京:光明日报出版社,2016.

[3] 许书烟.融合与创新—高校教学改革与德育创新研究[M].长春:吉林出版集团股份有限公司,2018.

[4] 杨明.社会主义核心价值观研究丛书敬业篇[M].南京:江苏人民出版社,2015.

[5] 崔国富.大学生职业素质构成与综合培养研究[M].北京:光明日报出版社,2010.

[6] 孙昊哲.世纪之问的思索——大学生创新素质培养模式研究[M].北京:首都经济贸易大学出版社,2013.

[7] 刘道玉.创造教育新论[M].武汉:武汉大学出版社,2003.

[8] 孙正林.当代大学生主题教育研究[M].北京:人民出版社,2014.

[9] 方宏建,郭春晓.大学生思想政治教育学[M].北京:人民出版社,2014.

[10] 谢守成,王长华.国际化视野下大学生思想政治教育创新发展研究[M].北京:人民出版社,2014.

[11] 王培强.高校学生思想教育工作的研究与实践[M].大连:大连海事大学出版社,2008.

[12] 郭广银.社会主义核心价值观教育研究丛书爱国篇[M].南京:江苏人民出版社,2014.

[13] 蔡中华.新时期爱国主义教育研究[M].北京:中国社会科学出版社,2016.

[14] 白冰河.思想道德修养[M].上海:同济大学出版社,2005.

[15] 苏建永,樊传明,吴兆方.思想道德修养与法律基础[M].北京:经济科学出版社,2009.

[16] 袁先潋.学校文化力建设策略[M].重庆:西南师范大学出版社,2009.

[17] 薛学共.中国传统文化与马克思主义中国化[M].长沙:湖南师范大学出版社,2010.